リベラルvs.力の政治

反転する世界秩序

IS THIS THE END OF THE LIBERAL INTERNATIONAL ORDER?

Niall Ferguson / Fareed Zakaria

ニーアル・ファーガソン　ファリード・ザカリア

酒井泰介〔訳〕

東洋経済新報社

日本語版まえがき

「リベラルな国際秩序」に対する不安が世界を覆っています。最大の契機は２０１６年、アメリカ大統領選において「自国第一主義」を掲げるトランプが勝利したことにありますが、時期を前後して、イギリスのＥＵ離脱決定、ロシアのクリミア半島併合、中国の南シナ海進出、さらには欧州諸国を中心としたポピュリズム勢力の躍進や米中貿易戦争の激化など、「リベラルな国際秩序」の終焉を思わせるような事態が相次いで生じたことで、この問題に対する関心が高まりを見せているのです。

２０１７年４月、カナダの著名な討論番組である「ムンク・ディベーツ」は、「リベラルな国際秩序は終わったのか？」をテーマとして取り上げ、番組内でニーアル・ファーガソンとファリード・ザカリアの二人が激しく議論をくり広げました。世界を代表する知性らによる議論は高く評価され、２０１７年12月に『Is This the End of the Liberal

International Order?』として書籍化されました。本書はその日本語版です。

ニーアル・ファーガソンは、スコットランド出身、ハーバード大学歴史学の教授で『マネーの進化史』や『文明』など世界的ベストセラーの著者として知られています。また、世界経済や時事問題に対する論客でもあり、『タイム』誌によって「世界で最も影響力のある100人」にも選出されています。

ファーガソンは「リベラルな国際秩序は終わったのか?」という問いに対しては「賛成」の立場を取っていて、「中国が最大の受益者の国際体制を続けるのか」、「貿易の縮小、テロの増大は、体制の終焉を象徴している」として、リベラルな国際秩序の継続には懐疑的な見方をしています。

一方のファリード・ザカリアはインド・ムンバイ出身、弱冠27歳の若さで『フォーリン・アフェアーズ』の編集長に抜擢され、現在はCNNの人気番組『ファリード・ザカリアGPS』のホストを務めるなど、アメリカを代表するジャーナリスト・国際問題評論家として知られています。

ザカリアは「リベラルな国際秩序は終わったのか?」という問いに対しては「反対」の立場を取っていて、「高度経済成長はリベラルな国際体制の最大の果実」、「新興国、途上国の多くがリベラル体制への加入を望んでいる」など、リベラルな国際秩序を擁護・継続すべきとの立場から意見を述べています。

また、議論の進行役を務めているラッドヤード・グリフィスは、ムンク・ディベーツを主宰するカナダのオーリア財団のプレジデントであり、政治、歴史、国際問題の分野に造詣が深く、本書の編集にも携わっています。

本書では、討論の前に、二人の識者に対して行った事前インタビューを収録しています。インタビューでは、両者が自らの立場を明らかにするとともに、現在の国際秩序における課題や今後の進むべき方向性について見解を述べています。本書の核となる討論部分では、「リベラルな国際秩序は終わったのか?」「リベラルな国際秩序は今後も継続していくべきか?」について、両者による白熱した議論が交わされています。

本書は、事前インタビューと討論部分をあわせても100ページ程度のコンパクトなものですが、世界を代表する二人の識者によって、問題の本質をとらえた大変中身の濃い議論が展開されています。

なお、日本語版では、日本の読者が理解しやすいように原書とは一部構成を変えています。また、日本の読者の皆様の理解を助けるために、立命館大学国際関係学部の山下範久教授による解説を付しています。

本書が、国際政治や世界経済に関心を寄せる読者の皆様にとって、その理解を助け関心を深めるための一助となりますことを願っております。

編集部

本書をお読みいただくにあたって（訳語について）

本書はカナダの出版社House of Anansi Press刊行による『Is This the End of the Liberal International Order?』の訳書で、文中にもこの〝Liberal International Order〟が頻出します。さて、〝Liberal〟と〝International〟はそれぞれ「リベラル」、「国際（的）」で良いとして（実は〝Liberal〟は政治的革新にとどまらずより広義に用いられてはいるのですが）、問題は〝Order〟です。外来語としての「オーダー」は注文や命令という語義が先に立ちますが、本書では、「秩序」もしくは「体制」と訳すべき用語に尽きます。この二つの言葉の語意が、一部で重なりつつ、そうではない場合もあることが、訳出にあたり最大の障害でした。代表的な国語辞典も総覧したうえで本書における〝order〟の用語を考えると、それぞれおおむね次の語義にまとめられるでしょう。

秩序：社会における決まりやあるべき序列が保たれている状態

体制：特定の原理・価値を体現する組織・機構・同盟的国家群。またそれらが機能して
　秩序がもたらされている有様

一般的な語意としては、「秩序」の方がより抽象的、「体制」の方がより具体的なニュアンスが強く、それがために「秩序」は「体制」よりも包括的な概念に感じられますが、右のまとめからすると、本書の用語ではむしろ、「体制」がもたらす結果として「秩序」が成立しており、「体制」は「秩序」を含意しますが、その逆は必ずしも成り立ちません。実際、本書では文脈によって具体的な同盟や組織機構（「体制」）を指す場合もあれば、それが生んだ人間開発や社会経済の発展を促す安寧（「秩序」）を指す個所もあります。

そこで訳者と編集部の協議の上、本書では右の語義にしたがい、戦後自由主義社会の発展を促した社会的安寧を「リベラルな国際秩序」、それをもたらした機関や同盟関係などを「リベラルな国際体制」とし、適宜に使い分けることとしました。したがって本書には同一の原語に対しこれら二つの訳語が混在し、煩わしいかもしれませんが、英語と日本語の語義のずれに起因するものとご勘案のうえ、お読みいただければ幸いに思います。

訳者

ピーター・ムンクからの手紙

ムンク・ディベーツを始めてから、妻メラニーと私は、このイベントが瞬く間に人々を魅了したことに感謝してきた。２００８年５月の初開催以来、私たちは国際的にもカナダでも最もエキサイティングな公共政策の討論会の一つと信じるものを主宰してきた。ムンク・ディベーツは世界を視野に、様々な問題に取り組んできた。人道的介入、国際援助の有効性、地球温暖化の脅威、宗教による地政学的影響、中国の台頭、欧州の衰退などである。こうした喫緊の課題は、世界第一級の思想家や実践者らにとっての知的・倫理的基盤になってきた。ヘンリー・キッシンジャーからトニー・ブレア、クリストファー・ヒッチェンズ、ポール・クルーグマン、ピーター・マンデルソン、ファリード・ザカリアに至るまでの人々はその例だ。

ムンク・ディベーツは諸問題を提議し、それらへの公衆意識を高めたばかりか、多くの人々をより深く関わらせ、ひいてはグローバリゼーションという概念への逡巡や気後れも軽減した。人はともすれば内向きになりがちだ。外国人嫌いにも陥りやすく、国粋的にもなりやすい。多くの人にとって、グローバリゼーションとはせいぜい抽象的な概念に過ぎない。このシリーズ討論の目的は、変化の速い現代世界をもっと身近に感じてもらい、私たち全体の将来を形づくる物事についての国際的な対話に気軽に参加してもらえるようにすることだ。

言うまでもなく、実に多くの喫緊の課題がある。地球温暖化、極度の貧困の窮状、大虐殺、脆弱な金融体制などは、人々にとって重要な影響を及ぼす問題のほんの一端に過ぎない。そして私と財団の理事らは、こうした諸問題をめぐる議論の質がそれら問題の増加ぶりに反比例して衰えていると感じている。世界的な対話がまさに必要とされる今、我が討論会は世界的な思想家らの考えを浮き彫りにするのみならず、人々の情熱を掻き立て知識を深め、人類が直面する課題に取り組む助けとなるものだ。

私が学んだ人生の教訓は——多くの方が賛同してくださるものと思うが——、課題は人々の才能の枠を引き出すということだ。このシリーズ討論会に参加する人々が、互いに意見を闘わせるだけでなく、我々一人ひとりに世界が直面する重要問題に対して明快かつ論理的に考えさせるきっかけになってくれることを祈って結びとしたい。

ピーター・ムンク
オーリア財団
オンタリオ州トロント

『リベラル vs. 力の政治——反転する世界秩序』目次

第１章

ラッドヤード・グリフィスによる事前インタビュー

ニーアル・ファーガソンとラッドヤード・グリフィスの対話

リベラルな国際秩序とは何か

ラッドヤード・グリフィス　会場の皆様、ようこそお越しくださいました。今夜の2人の討論者に対する事前インタビューの時間です。著名な歴史家であり、映画監督であり、評論家であるニーアル・ファーガソン氏をお迎えできて大変、光栄です。

ニーアル、トロントまでこの討論にお越し下さり感謝いたします。このシリーズで一対一の討論をするのは、実にまだ二度目。あなたとファリード・ザカリアとの一騎打ちです。根本的な問いから始めたいと思います。リベラルな国際秩序の定義とは何か、です。この言葉にはいくつかの見方や意味が考えられるからです。この言葉の意味を明かしてください。

ニーアル・ファーガソン　この言葉を初めて聞いた時、まるで「母性とアップルパイ」と聞いた時の様だなと思いました。誰だってリベラリズムに反対などしようもない。「国際的」についても同じです。「秩序《オーダー》」も望ましいことでしょう？　しかしそれらの言葉をつなげると、安直な歴史理論が出来上がります。世界がこんなに素晴らしいのは、１９４５年からの戦後にリベラルな国際体制《オーダー》が確立したからだ、というものです。様々な国際機関――国際連合、欧州連合、そして世界貿易機関など――です。それがこの素晴らしい愛すべきグローバル経済を作り出し、そこでは財、人、資本が自由に行き交い、世界はかつてなく平和に繁栄するようになった、とね。今夜私は、それがナンセンスで実際、歴史のねつ造であることを論じます。それはニュースのねつ造よりも質が悪い、ということを。

ラッドヤード・グリフィス　そのリベラルな国際秩序批判論について伺いましょう。なぜなら、あなたはリベラルな国際秩序の危機は、一連の脅威に加え、身から出た錆でもあると信じておられるからです。脅威は内にあり、有権者に関わっており、世界の先進資本主義民主体制の内部で起きたことに関わるものとされていますね？

リベラルな国際秩序の受益者は上位1％の人々に限られる

ニーアル・ファーガソン　グローバリゼーションが——そう、ここでは「リベラルな国際秩序」をグローバリゼーションの別称とみなしましょう——なしたことを考えてみると、それは私たちのような人間、すなわち私やファリード・ザカリア、そしてラッドヤード、あなたにさえ特大の恩恵をもたらしたという他はありません。それは、世界的な財の市場統合、資本市場の統合、そして移民の恩恵を受けた1パーセントの人間にとって、実に素晴らしいものでした。私は移民ですし、ファリードもそうです。だから我々がリベラルな国際秩序は素晴らしいと考えても無理はない。我々にとって現に素晴らしいものだったのですから。問題は、これは過去にも見られたことですが、財や人や資本の国境を越えた移動を過度に許しても、その恩恵は平等に及ぶわけではないということです。実際、先進国のかなりの割合の人々は、私が「ハイパー・グローバリゼーション」と呼ぶものから何の恩恵も受けていないのです。

グローバリゼーションの実験は80年代から90年代にかけては実にうまくいきました。しかし我々は行き過ぎてしまった。そしてこの移民、資本移動、貿易を巡る行き過ぎは、所得配分の最底辺に属する人々には後ろ向きな結果をもたらしました。忘れないでください。カナダでも米国でも大半の欧州国でも、このリベラルな国際体制の恩恵の大半は上位20パーセントの人々の手に渡り、本当に大きな果実はトップ1パーセントの人々がつかみ取りました。所得分布の下位に属し、大卒未満で、比較的に未熟練労働者である人にとっては、この20年間は貧しいものでした。実際、暮らし向きは1999年当時よりも悪くなっているはずです。

そしてポピュリストたちがリベラルな国際秩序を攻撃するのはなぜか、彼らはどうして「グローバリスト」という言葉を悪口にしているのかを解き明かすなら、それは多くの人々が負け犬になっているからに他なりません。ドナルド・トランプに限らず、世界中の公職候補がこぞってグローバリゼーションはもうたくさんだと叫び始めています。巻き戻し調整が必要です。移民を制限しなければなりません。貿易協定を再交渉しなければならないのです。

そして最も強い批判は、金融のリベラルな国際体制に対するそれだと思います。国際的な資本の流れに対する規制を全廃したことがついに一連の金融危機へとつながり、それは2008年に実に多くの人々にとって阿鼻叫喚を極めました。それが、とうとうポピュリストによる反動を招いた所以でしょう。2009年にカナダの『グローブ・アンド・メール』紙に金融危機は何をもたらすか、というテーマで取材を受けました。まだ危機後の初期で、同紙は私の回答を見出しに掲げました。「血を見ることになる」です。

私は政治的反動が起きるという意味でそう述べましたが、実際そうなった。その意味で我々はもう「リベラルな国際秩序」に盤石の信頼を寄せられなくなったと思います。秩序《オーダー》は無秩序《ディスオーダー》になりました。実際、世界中にまさに無秩序としか言いようのない場所が生まれています。それはまたしても、過度なグローバリゼーションの結果なのです。

中国が最大受益者の国際体制を続けるのか

ラッドヤード・グリフィス 今夜あなたがこの舞台で対峙する立場を代弁して、いくつか反論を試みさせていただきます。第一の論は、現在の体制は大いに成功している、それはそれ自体が優れているばかりか、次善と思われる体制よりもはるかに成功したではないか、というものです。リベラルな国際体制の伝統的な競争相手である中国やロシアの政体を見ると、金融や人間開発、そして社会の在り方としてぞっとします。次善の代替策が魅力を欠くのに、どうしてリベラルな国際体制をかけがえが無いと考えないのでしょう？

ニーアル・ファーガソン 話を伺っていて奇妙に思いましたよ、ラッドヤード。なぜなら、私の見るところ、リベラルな国際体制のたっての受益者は、中華人民共和国とそれを率いる中国共産党だからです。私はもうダボスへは出かけません。もう十分ですから。しかしファリードは今年の1月にも出かけて、そこで中国国家主席の習近平によるリベラルな国際体制の擁護論を聞いたと思います。中国の共産主義者の口から自由貿易や資本の自由な移動について聞かされるのは奇妙な経験です。

そしてこれは、リベラルな国際体制のどこがおかしいのかを考える糸口になります。その主たる受益者——1980年代からこの方は間違いなくそうでした——は、政治的にはおよそリベラルとは言えない一党独裁国家なのです。この体制の主たる受益者はカナダでも米国でも欧州でもなく、中国です。中国は勝ち組でしたし、それがリベラルな国際体制というもの自体への疑問をもたらしているように思われます。主たる受益者が一党独裁国家中華人民共和国であるなら、いったいどうしてそれをリベラルな体制と言えるのでしょう?

ラッドヤード・グリフィス　ハードパワー（軍事力や経済力的な威嚇に基づく国力）について伺います。あなたは歴史家として、それについてのたっての識者だからです。世界のハードパワーの分布を考えると、全世界の軍事費の55パーセントはただ一国、米国で支出されています。それは現状の体制が維持されることの証拠ではありませんか?　なにせハードパワー面での米国とその競争相手は、大人と子供としか言いようがないのですから。

戦後の平和はアメリカの突出した軍事力によるもの

ニーアル・ファーガソン　ちょっと用語に気遣うべきかもしれませんね。さもないと何事も、米国の軍事費も含めて、リベラルな国際秩序のためとしてしまいかねませんから。もし１９４５年から後の戦後世界がそれに先立つ半世紀よりも平和であったとしたなら、その主たる理由は国際連合が創設されたからではなく、ましてや欧州連合ができたからでもありません。主たる理由は、米国が１９２０年代や30年代よりもずっと深く関与、引率したことです。米国の軍事予算をリベラルな国際秩序の一面を表す指標とするなら、言葉が用をなしません。米国の防衛予算が高止まりしている理由は主に、革新派《リベラル》ではなく保守派の政治家のおかげだからです。もっとも「国際」的とは言えるでしょう。米国は同盟関係と軍事駐屯によってパックス・アメリカーナを課しているからです。

そして「秩序」という部分も成り立ちます。しかしそれは、米国という最強国家一国に立脚した秩序です。リベラルな国際秩序という用語に意味を持たせるには、定義が必要でしょう。20世紀後半から21世紀に入ってからの四半世紀の相対的平和を、リベラルな国際秩序のおかげとすることはできません。その真の功績が米国という一国家に帰するものであり、米国の強さは主に保守派の政治家が防衛費を割合に高止まりさせなければならないと主張しているからだとするならです。それもある種の秩序体制ではありますが、一歩引いて考えてみると、現世紀の一つの際立った特徴は、パックス・アメリカーナの崩壊であると思われます。その正統性の、そして有効性の喪失です。それはイラクで最も明らかであり、アフガニスタンは言うに及びません。このように、私には体制そのものが目の前で崩壊しつつあるように思われます。１９４５年から後、パックス・アメリカーナは大きな物語だったと思います。ですが9・11から後の大きな物語は、その崩壊だと思います。

ラッドヤード・グリフィス　最後にもう一つ議論したいと思います。閉じられた体制と開放的な体制についてです。リベラルな国際体制の賛成論者は、その強みの一つは開放的であることだと言います。世界中に拡がるネットワークに基づいているからであり、それは過去数十年にわたってうまく機能してきたはずだ、と。一方、競争相手や他のやり方は閉鎖的な体制で、たっての例は独裁的国家である中国です。では、歴史上、こうした開放的な体制が閉鎖的体制に敗れた例はありますか？ そして開放的な体制が常に勝つのだという考えに与さない理由がありますか？

リベラルな国際体制はリベラルでも国際的でもなかった

ニーアル・ファーガソン リベラルな国際体制と、中国を始めとする他の独裁的体制との間に一線を画するのなら、聴衆を混乱させることになると思いますよ。なぜなら、事実としてリベラルな国際体制は中国のような閉鎖的社会にとても強い追い風になってきたからです。そして実際、１９８０年代から後のグローバリゼーションの主たる受益者は中国のような国です。貿易については国際ルールを取り入れ、資本移動についても部分的にはそうしたものの、民主主義については一切の妥協をしませんでした。これは現代のパラドックスですよ。世界貿易機関（ＷＴＯ）や国際通貨基金（ＩＭＦ）などの機関や、グローバルな通商ルールを定めたという意味では、リベラルな国際体制は存在します。彼らは中国人に、良かったら一緒にやりませんかと声をかけた。さらにルールをひどく捻じ曲げてまで中国をＷＴＯに迎え入れ、同国の通貨もＩＭＦの特別引出権（ＳＤＲ）に組み込んだ。こうして作り上げられた体制を中国はフルに利用したのです。中国はそれによって少しでもリベラルになったわけではなく、むしろ法治不在の一党独裁を正当化したのです。それが、この計画全体の弱みの中心です。

西側は、自由貿易体制を作ろう、そうすれば世界中の独裁体制は我々の素晴らしき民主主義体制へと移行する、と考えていました。それがビル・クリントンの考えで、フランシス・フクヤマの『歴史の終わり』（三笠書房）の論法です。ところが、どうでしょう？そうはなりませんでした。実際には、不寛容《イリベラル》なエセ民主主義国や中国のような正真正銘の専制体制がグローバリゼーションの背景でとてもうまくやったのです。

彼らはＧＤＰシェアを大きく伸ばしました。いいですか、中国のＧＤＰシェアは今や、購買力平価ベースで見ると米国とカナダのそれを合わせたよりも大きいのですよ。この傾向は募るばかりです。だから彼らは素晴らしきリベラルな国際体制の勝者です。それは私をいささか、神聖ローマ帝国は神聖でもローマ的でも帝国でもなかったと言ったヴォルテールのような不安に陥らせます。リベラルな国際体制など、リベラルでも国際的でもさして秩序だった体制でもありません。

ラッドヤード・グリフィス　面白いご指摘ですね。最後に、リベラルな国際秩序が強い重圧にさらされ、ある種の終焉に向かっている徴候は何か見出せますか？　すでにリベラルな国際秩序の衰退の徴候として、ブレグジットとドナルド・トランプについて話しましたが、もっと大きな変化の予兆としては、何を見出しますか？

第一次世界大戦の惨劇は過度なグローバル化がもたらしたもの

ニーアル・ファーガソン　「ポピュリストはきっと未来永劫にすべての選挙に勝ち続けるだろう」というのは素人考えです。そうならなかった時に、「ほら見たことか、すべて空騒ぎだったんだ」ということになる。私は英語圏で昨年（２０１６年）起きたポピュリストによる巻き返しは、全体像の一部でしかないと思っています。すでに２００８年には、金融危機が国際的な金融体制の脆弱さを暴露しました。私は国際金融体制は今も脆弱であると思うし、比較的近い将来、おそらくは中国を震源地に、次なる金融危機が起きても驚きません。

となると問わなければならないのは、この素晴らしい体制《オーダー》は世界で最も無秩序な地域すなわち北アフリカと中東に秩序《オーダー》をもたらせるのか、ということです。現時点では安心材料はあまりありません。私が恐れるのは、事態の好転を待たずにさらに悪化することです。シリアとイラクばかりか、さらに広い地域に紛争と失敗国家が拡がるのではないか、ということですよ。だからさらなる危機の萌芽を探すなら、政治や単なるポピュリズムに注目しても意味がありません。それはリベラルな国際体制が問題を抱えていることの一つの徴候にしかすぎません。むしろ次なる金融危機、そして次なる紛争に目を向けることです。

歴史は大きな教訓を残しているのです、ラッドヤード。これは今夜の論戦で強調したい点ですが、ハイパー・グローバリゼーションの実験は過去にもやっていることです。19世紀後半にね。当時、移民と貿易はほぼ野放しでした。国境を越えての資本移動も、無規制同然でした。とてもグローバル化された世界だったのです。当時、その恩恵を受けた1パーセントの人々は、我が世の春でした。そして当時の人々は、今のファリードよろしく書き残しています。この新たなる国際秩序の下では戦争などもう決して起こらない、なぜなら万事が順調なのだから、とね。

残念ながら、ポピュリストの反動は、やがては1914年の第一次世界大戦という最大の危機を頂点とする一連の動乱の始まりに過ぎませんでした。戦争もまた実にグローバルになることがあるものです。リベラルな国際秩序が本当に失敗したとわかるのは、20世紀初頭に犯した失敗を繰り返した時です。そしてそれは大きな紛争を生むでしょう。

ラッドヤード・グリフィス　慄然とするお話でした、ニーアル。今夜、もっと多くの議論を耳にすることでしょう。トロントにお越しくださり、御礼申し上げます。論戦の準備はすっかり整えておられるので、後はそれをご披露いただくまでです。ともあれ、ご高説と分析に感謝いたします。

ニーアル・ファーガソン　ありがとう、ラッドヤード。

ファリード・ザカリアとラッドヤード・グリフィスの対話

リベラルな国際秩序とは我々が暮らしている世界

ラッドヤード・グリフィス　ファリード・ザカリア氏はCNNの看板番組『GPS』のホストでありベストセラー作家、そして地政学と国際問題についての人気コメンテーターです。

ファリード、ムンク・ディベーツのためここトロントにまたもあなたをお迎えできて光栄です。今回はシリーズ20周回かつ、わずか2度目の一対一の討論です。どうなることか期待で胸を躍らせていますよ。固唾を飲む論戦になることでしょう。まず「リベラルな国際秩序」という言葉を定義していただければ、聴衆の皆さんにとっても参考になると思うのです。なぜなら、この言葉をめぐっては歴史的にも様々な解釈があり、それがどう進化してきたか、今日、何を意味しているかの解釈も多様だからです。

ファリード・ザカリア　ありがとう、ラッドヤード。いつもながらここに招かれるのは光栄です。ムンク・ディベーツは実際、過去数十年に生み出された知的行事の白眉であり、その功績は何よりあなたのものですよ。

私はリベラルな国際秩序をとてもシンプルに考えています。それは我々が暮らしている世界です。それは当たり前のようになっているが、しかし実に特別な世界です。考えてみると、人間の歴史とは常に、権力闘争、戦争、そして経済危機に彩られたものでした。国家同士の関係というものはおおむね、紛争含みで略奪的で重商主義的でした。それが歴史の大半を通じての世界の姿だったのです。

そこに第二次大戦後になって米国が率いる国々が新たな試みを始めました。彼らが目指したのは、もっと安定した世界を作ろうという試みで、それはより秩序立っていて、経済や貿易も開放的で、政治的にもオープンなので民主主義が希求され、立法や慣習などを通じて人権もそれまでよりもはるかに尊重される世界でした。

重要な点は、だからと言って現状が完璧な世界ではないということです。もちろん戦争も絶えず、深刻な人権侵害もあります。しかし瞠目すべきは、フランクリン・ルーズベルト、ハリー・トルーマン、マッケンジー・キングのような人々のビジョンがどこまで実現したか、そしてそのために、およそどんな尺度で見ても暴力がこの30年、40年、50年、60年に激減したことです。

かつて日常だった列強間の角突き合いや鞘当ては昔話になりました。我々が作り上げたオープンな世界では通商、資本の流れ、開発発展はうなぎ登りに増え、それによって南米から中国に至るまでのすべての国を貧困から救い上げたのです。そして主に開明的な国々では人権も守られるようになりました。いや、そんなこと当たり前じゃないかというかもしれない。しかし実際、当たり前ではありません。割り切っていえば、ドイツは20世紀の前半、人権遵守が定着した国とは言えませんでした。しかし世紀の後半には模範国になりました。同じことは、英仏の植民地帝国支配にも言えます。今では慣れっこになってしまったことも、劇的な変革だったのです。それは空気のようなもの。わざわざ意識はしませんが、しかしそれを奪われた世界は今とは全く違うものであるはずです。

リベラルな国際秩序も多くの問題を抱えている

ラッドヤード・グリフィス　その体制に対する重圧――ブレグジットやトランプの当選、また西側世界の多くで見られる政治的回帰現象としてのポピュリズムの台頭などが挙げられています――は、どう考えたらよいのでしょう？　これらはリベラルな国際秩序にとって、単なる獅子身中の虫か、それともその存続を脅かすもっと深刻な問題でしょうか？

ファリード・ザカリア　それらはいずれもが脅威ですよ。何事もひとりでに良くはなりません。このリベラルな国際秩序も、それなりの問題を抱えています。重圧も、制限も、課題も抱えています。リベラルな国際秩序というものは、常に未完成で努力の連続です。ここを修正しなければ、あそこを調整しなければ、変えなければ、とね。私はこうした課題を二つのカテゴリーに分別しています。一つはトランプやブレグジットのような内政問題です。実在する重圧や緊張から生まれた課題です。リベラルな国際秩序も75年が経ち、さまざまな新たなものを迎え入れようとしています。その一つは、12億の人民と4億人の熟練労働者を抱える中国のような国を取り込むための膨大な制度の拡大です。もちろんその余波を被ることになります。新たな技術にも対処しなければなりません。自動運転車は米国で、自動車、バス、トラックなどを運転して生計を立てていた300万人を失業させるとされています。これらをどう扱えばよいでしょう？　これらは内政的な問題です。

外交的な問題は、ロシアの様な産油国であるが故にリベラルな国際体制の恩恵をあまり受けていない国です。産油国が栄えるのは、不安定な状況においてです。世界が不安定であればあるほど原油価格は上がりますから、こうした狭い単調な経済構造を持つ国は、今後常に厄介になるでしょう。そしてプーチンのロシアは、地政学的に冒険好きで、野心的な暴れん坊になっています。

前者の課題には処方箋があり、対処できます。これらは歴史的に世界で最も豊かな国々でした。労働者階級が痛みを感じている、居場所を失っているという話は傾聴に値します。しかし同時に、それには解決法があるとも思います。資本にも創造性にも不足はなく、人々に再教育を施す方法はあるのです。そしてこれを、非常にシンプルな統計から見ることもできます。米国から、英国、カナダ、フランス、ドイツに至るまでどこにでも、リベラルな国際秩序を望む若者たちはいるのです。

彼らはみな、このリベラルな国際秩序を重視する政党を熱狂的に支持しています。選択肢があり、オープンで、多様性ある世界を待ち望んでいるのです。変化に適応できない年配の人々は困っています。しかし将来は、割り切って言うなら、若い世代にかかっているのです。

ラッドヤード・グリフィス　つまりトランプ、ル・ペン、ナイジェル・ファラージらの当選などに目をくらまされるな、ということですね？　これらは瞬間最大風速的なポピュリズムであり、しばらくは吹き荒れるが、必ずしも過去75年を台無しにはしなかった、と。

ファリード・ザカリア　まさにその通りです。私はそれ（ポピュリスト政治家の台頭）は本物の懸念や不安から生まれた本物の現象と思っています。その残念かついただけない面は、こうした政治家はおおむね問題を正しく見通した上で、外国人に責任を転嫁していることです。私は、外国人はたいていこうした問題の原因とは思いません。それはえてして技術のせいです。外国人を叩き、国外に追放し、少数派を狙い定めて迫害する――それでは問題の解決にはなりません。それによって米国中西部などの工業を復興することはできないでしょう。こうした問題はいずれ克服されるであろうものの、しかし、そうなってもまた新たな問題が生まれるはずだと心得ておくべきです。私は万事順調なリベラルな国際秩序や開放的な世界秩序を思い描いているわけではありません。もちろん一連の問題を解決しても、別の問題が持ち上がるのが常です。それが現実です。だから努力を続けなければならないというだけのことです。

欧州の現状をどう評価すべきか

ラッドヤード・グリフィス　地政学的な話題に移りましょう。欧州はリベラルな国際秩序の規範でありその産物という人もいるでしょう。60年以上前には、戦争によって引き裂かれ、ポピュリズムよりずっと悪いもの（ファシズム）に侵されていた大陸だ、と。しかし、今日の欧州はよろめいています。政治的にも、経済的にも揺らいでいます。今日の欧州を、リベラルな国際秩序の末路と考えるべきではない理由がありますか？

ファリード・ザカリア　そういう人々に対しては、すかさず、とても単純なことを勧めます。実際に欧州に行ってみることですよ、とね。フランスやイタリアに実際に行ってみれば、世界で最も豊かな地域の一つであることがわかります。ビザどころかパスポートなしでほとんどどこにでも行けます。かつては大陸滅亡の間際まで戦っていた国々同士なのにね。当時は村全体を焼き尽くしたりしていましたが、今では平和に仲良く暮らしており、独仏間の戦争など想像もできません。しかし1850年からの100年間には、この両国は3度も戦火を交えていたのです。今では実に独特で永続的な共存共栄をしているあまり、他の在り方は想像も付かなくなっています。

確かに足元ではいくつかの課題に直面しています。高齢化は進み、生産性は下がり、移民の同化政策にも手を焼いています。しかしこの繁栄と豊かさを背景にそれを考えてみてください。確かに彼らはいくつかの課題を抱えていますし、これからもそうでしょう。しかし人口当たりＧＤＰが5万ドルに達していれば、年に4パーセントも成長する必要はないのです。欧州の今年の成長予測は2パーセントです。米国とおおむね同じですが、人口比率でみると移民の数が少ないので、より高度に成長していると言えます。いくつかのセクターでは革新を欠きますが、製造業は盛んです。現状は一部の人が言うよりも、良し悪しまだら模様であると思います。医療については米国よりもうまくやっています。年金も、大半の地域では米国よりもはるかにましです。欧州はいくつかの点で、米国よりむしろカナダに似ています。

打撃を和らげる石油は採れませんが、しかし欧州のような場所が直面している課題は、欧州連合こそ世界で最も規範的で稀有な政治・経済的協力体であるという事実を色褪せさせるものではありません。英国が脱退しようがしまいが、ユーロが良いアイデアであろうがあるまいが——個人的にはそうだったとは思いませんが——、500年前には血で血を洗っていた国々が、今ではほぼ統一されているのです。私たちは立ち止まり、一歩退いて広い視野で見渡すべきと思います。ある意味でそれは、人々が望んでいる世の中ではありませんか？　誰もの憧憬の対象となるべきでは？　彼らの高齢化の著しさや生産性が思い通りに上がらないことより、彼らが成し遂げたことを見るべきなのでは？　こうした問題は一時的なものです。欧州全体の見通しは、相変わらず世界で最も有望です。

中国を国際社会の「蚊帳の外」に置くことはできない

ラッドヤード・グリフィス　あなたのご意見を聞きたい場所がもう一つあります。中国です。中にはリベラルな国際秩序がこの世界最大の独裁国家に力を与え、富ませ、強大にさせたという向きもあります。言い換えるなら、リベラルな国際秩序はとてもイリベラルな効果を及ぼした、と。そんな言い分に対してご意見は？

ファリード・ザカリア　リベラルな国際体制の皮肉の一つは、歴史的発展段階が大きく異なる新参者を確かに力づけたことだと思います。思えば19世紀のリベラルな国際体制は大英帝国が、そしてある程度はその弟分たる米国が生み出し、拡げ、保障していた体制でした。そしてそれが力づけた相手は誰だったでしょう？　ドイツです。ドイツは特段リベラルな強国ではありませんでした。きわめてたちの悪い国家で、教化するのは大変でした。

他にもリベラルな国際体制は、イタリアやオーストリア＝ハンガリー帝国などにも多かれ少なかれ力を与えましたが、これらも決してリベラルな強国ではありませんでした。

同様に、今日のリベラルな国際体制は中国に力を与えています。現在の中国は当時のドイツほど不寛容《イリベラル》でもなければ専制的でもありません。いくつかの点でルールに沿ってやっていますし、国際的な規模でよりリベラルになっています。同国の平和維持活動への貢献を、あらゆる政府間分野への貢献を、さらには気候温暖化への貢献さえもを見てください。国内的には極めて独裁的な体制が続いていますが、それでも人々はより開放的になり、経済もより開かれてきています。やがて中国はいまほど専制的で不寛容ではなくなるだろうと予想する向きもあります。

私は見通し得る将来に同国に民主主義が訪れるとは思いませんが、彼らがこれまで以上に国際的なルールを順守するようにはなるだろうと思います。そしてその兆しはすでに数多く見られます。中国人は政府間協調にこれまで以上に積極的に関わるようになっています。例えばイランでは並外れて協力的でした。アフリカでの平和維持活動でさえ、かつてに比べればはるかに協調的です。もしそうなっていなければどうだったでしょう？　中国は13億の国民を抱える国です。彼らを仲間に引き入れ、ルールに従わせなければなりません。さもなければ、彼らはまったく蚊帳の外でやっていくことになります。

ですから中国をリベラルな国際秩序に迎え入れることは、西側が生み出した大きな賭けなのです。そうすれば中国をいくらかでも教化できるかどうかという賭けです。私は今も、それは正しい道だったと信じています。未舗装の荒れ道ではあります。一時的な反動や、特に経済面で賭けは間違いだったのではと思われる時期もあるでしょう。しかし忘れないでください。４億人もの貧農が、１日１ドルで暮らす貧困を脱出したのです。今では１日当たり４、５ドルで暮らすようになっています。他の何よりも人間開発という点から見て、確かにやる価値はあったのです。

リベラルな国際秩序の将来は中国や若者が鍵を握っている

ラッドヤード・グリフィス 最後に、リベラルな国際秩序は21世紀にも強く、永続的で、ルールも定め続けられると楽観できますか？ そう思わせる兆しはありますか？

ファリード・ザカリア　あなたはすでにその多くに言及されましたよ。私は、中国がこの法治的体制に本気で取り組むかを重視しています。中国は今後もその一員であろうとするでしょうか？　今のところ、中国はそう主張しています。世界銀行やＩＭＦの指導者に中国人の任用を検討すべきと思います。国連における中国の投票権も加重すべきです（注：現在の国連投票は、安全保障理事会における理事国も総会における加盟国も各国1票ずつ）。言い換えるなら、彼らの望みはリベラル体制の破壊ではなく、その一員として世界第二位の経済大国にふさわしく影響力を強めることです。より大きな責任を引き受けるほど中国の関わりは深まるでしょうし、つまるところ体制はより良くなるでしょう。もっともそれは、より多極的な世界の現実を反映し少しずつ変質していくでしょうけれど。

二つ目の指標は、若年層の問題です。若者たちが、この開放的な世界は必然であるばかりか有益なものとどこまで信じるかが重要になると思います。とても多くの年配者たちが社会に疑念や敵意を持っている一方で、当の若者たちは同じ社会を見て、自分たちはこのおかげで経済的に、政治的に、文化的に豊かになれたのだ、それは開放的で多様性があり、選択肢があり、結ばれ合った世界だ、と考えています。彼らはこうした結びつきを見ています。自分たちはいつでも世界中の人々と共に、働き、暮らし、コミュニケーションし、貿易し、関わり合えるのだという現実を見ています。それが自分たちの暮らしに活力を与える原則と思い、支持しているのです。

しかし若者たちも、そんな世界が自ずから実現するわけではないと知る必要があります。またフェイスブックの「いいね！」ボタンを押せば救われたり強化されるものではないことも知るべきです。積極的に主体的に支持しなければならないのです。そのために戦い、主張をし、投票しなければなりません。それをすべてやってこそ、いま当たり前になっているこの世界が続くのです。どんな人間の営みも、どんな人間文明も、儚いものです。叩けば埃はいくらでも出てきます。若者たちがそれをわかってくれている限り、私は楽観しています。

ラッドヤード・グリフィス　ファリード、重要かつ前向きな言葉で締めくくっていただきました。論戦の準備は万端のようですね。繰り返しになりますが、やはりあなたをトロントにお迎えできて幸いでした。来てくださってありがとう。

ファリード・ザカリア　こちらこそ、どうもありがとう。

第２章

【徹底討論】リベラルな国際秩序は終わったのか？

賛成　ニーアル・ファーガソン
否定　ファリード・ザカリア

ラッドヤード・グリフィス　ラッドヤード・グリフィスです。またも司会を務めさせていただくことは、身に余る光栄です。まずはC－SPANでこの中継をご覧くださっている米本土の視聴者の皆様、CPACでご観賞中のカナダ全土の視聴者の皆様に歓迎を申し上げます。

さらにオンラインでの実況中継でご覧くださっている皆様にもご挨拶させていただきます。SNSでの独占パートナーであるフェイスブック・ライブ、そしてブルームバーグ・メディアのご厚意によりBloomberg.comでご観覧の皆様、ようこそ。今夜の討論に仮想世界を通じて皆さまをお招きできて何よりです。そして新たなムンク・ディベーツのためにこのロイ・トンプソン・ホール一杯に詰めかけられた3000人のご観覧者の皆様、心より歓迎申し上げます。皆様にまたお会いできましたことに感謝しております。

今夜はこの討論シリーズでも、画期的なものです。この半年ごとの討論の記念すべき20周回に当たるからです。世界最高と思われる英知、時代を代表するグローバルな最重要課題をめぐる最も深い思想家たちを迎えて回を重ねることも、今夜のホストの寛大さと公共心なかりせばありえなかったでしょう。皆様、ピーターとメラニーのムンク夫妻とオーリア財団に大きな拍手を。ご両人、心より感謝いたします。素晴らしいことです。

先ほど申し上げた通り、今回は20周回という記念すべき一夜です。そこで、この討論会でも僅か2度目の一対一のディベート形式とさせていただきます。そして議題は目下の鍵を握る地政学的問題です。経済と政治の両面におけるグローバリゼーションの進行は、第二次大戦後の国際秩序を定めてきました。ですがそれは、台頭するナショナリズム、保護主義、そしてポピュリズムの時代を生き残れるのか否か、についてです。

その答えを探って、2人の論者を舞台中央に迎えましょう。「リベラルな国際秩序は終わったのか？　いまこそ決着をつけよう」――皆様、今夜の議題に挑む論者を大きな拍手でお迎えください。歴史家、映画製作者、そしてベストセラー作家として声望高いニーアル・ファーガソンです。

そして、今夜ニーアルとこの議題をめぐって対決するのは、CNNのアンカーであり著名作家、そして地政学の思想家としても名高いファリード・ザカリアです。

さて、興味深く重要なデータがあります。会場の数千人の皆様には、今夜ご入場の際、議題「リベラルな国際秩序は終わったのか？　いまこそ決着をつけよう」に賛否の票を投じていただきました。結果を見てみましょう。事前の投票結果は、34パーセントがイエス、66パーセントがノーでした。面白い結果です。皆さんすでに討論たけなわですね。

さて、ここで今夜の討論の行方がどれだけ移ろいやすいかを知るために、大事な質問をさせていただきます。今夜のディベートを聞いて、持論を変える可能性がありますか？　いかがでしょう？　なんと！　93パーセントのお客様が内容如何で意見が変わるかもしれないとお考えです。論戦の行方は流動的、予断を許しません。

では開幕の辞から伺いましょう。ニーアル・ファーガソン。あなたは賛成論者ですから、お先にどうぞ。持ち時間は10分です。

リベラルな国際秩序の勝者はアメリカから中国に

ニーアル・ファーガソン　ご紹介いただいてありがとう、ラッドヤード。そしてピーター、メラニー、この非常に重要テーマを議論する機会を与えてくださって感謝いたします。

ヴォルテールの有名なセリフがあります。神聖ローマ帝国は、神聖でもなければローマ的でもなく、さらには帝国でさえなかったというものです。私はリベラルな国際秩序についても、同じことが言えると思います。それはリベラルでも国際的でもないし、それを言うならさほど秩序立った体制でもありません。そして他でもないこのトロントで、人々にリベラル・国際・秩序《オーダー》（体制）という3語に反対論を投じさせる試みは、せいぜい無謀としか言いようがありません。なぜならあなた方はこぞってリベラルだからです。そして皆さん国際的だし、私の限られた経験から言っても、とても折り目正しくあられる。しかし、これについては、こんな考え方もできます。すなわち皆さんが反対されるに違いないこと――「国内世論の反動化」――が、どれほどあり得にくいかを考えてみることです。

しかし、今や米国では、現にそれが実現しつつあるのです。断っておきますが、私は目下の米国におけるドナルド・トランプを擁護するためにここに来たわけではありません。また、リベラルな国際体制はどう見ても悪いことばかりと説き伏せるためでもありません。私はただ、それはすでに過去のもの、賞味期限切れなのだとわかってもらうためにやってきたのです。

これについては、我が身を振り返り白状しておくことがあると思います、ファリード。あなたも私も、これまでずっとリベラルな国際秩序の受益者でした。ピーターほどではないにしてもある程度は、です。何年もダボス（世界経済フォーラムの年次総会開催地）やアスペン（国際デザイン会議開催地）でよろしくやってきましたし、あなたは今もそんな場所に出かけているものと思います。（私たちが）そんな場所で調子よくやってこなかったとは言いません。しかしここで問いたいのは、およそ今夜のお客様と同等とは言い難い多くの人々にとって、それ（リベラルな国際秩序）が良いものであったかどうかです。

通常の米国人にとって、それは良いものだったか？　北米の米国人、カナダ人、そして米国市民にとっては？　市井の欧州人にとっては？　それは私たちの故郷の人々にとって良いものでしたか？　ここトロントに出向けないグラスゴー市民にとっても？　大いに疑問ですね。ＣＮＮへの出演など適わないインド系イスラム教徒にとっては？　私には、それこそが勘所に思われます。

ここで真剣に考えるべきことがあると申し上げたい。それは、グローバリゼーションが行き過ぎた可能性についてです。そしてその超過ぶりは、少なくとも二つの大きな悲鳴、金融危機と大量移民危機を引き起こし、私たちは今もその余波を被っています。「１９４５年の第二次大戦終戦後、私たちは戦前よりずっと平和に繁栄してきた。それも国連や国際通貨基金（ＩＭＦ）や世界貿易機関（ＷＴＯ）などの良きリベラルな制度や機関のおかげだ。汚らわしいポピュリスト（大衆扇動家）どもにそれを損なわせてなるものか」――こんな自問自答はとても危険な自己暗示ですよ。戦後の平和や繁栄を読み解くうえでも、決して上出来な史観ではないと思います。そう考える理由をお話ししましょう。

「リベラルな国際秩序」は、なぜ「リベラル」ではないのか？　それはこの素晴らしきリベラルな国際秩序の主たる受益者が中国だからです。中国は間違いなく最大の勝者でした。１９８０年、中国は世界経済のせいぜい２％を占めるにすぎませんでした。一方、米国とカナダは合わせて世界経済の4分の1を担っていました。

現在の比率はどうなっているでしょう? 今日、中国は世界経済の18%を占め、米国とカナダは合わせて、それにやや劣る17%を担っています。そして目下の趨勢では、この差は開く一方です。IMFの予想では、2021年までに中国は世界経済の5分の1を占めるとされています。主たる受益者がエリート共産主義者が率いる一党独裁国家であるのなら、いったいどこがリベラルな国際体制なのでしょう?

グローバリゼーションの弊害をもはや見逃すことはできない

そして受益者は中国だけではありません。ファリード、あなたは1997年に不寛容な《イリベラル》民主主義について、素晴らしい論説を著しましたね(後に『民主主義の未来』(阪急コミュニケーションズ)に結実)。イリベラルな民主主義、すなわち選挙こそ行うが法治主義ではない民主国家も、この体制においてそこそこうまく立ち回ったのです。この論説で用いられたいくつかの基準を検証してみました。あなたがあの一文を著されてから、世界はいくらかでも自由になったのかと思ったのでね。そうはなっていません。自由主義に数えられる国の数は1997年当時から増えていません。自由度が減じた国にはロシアばかりかベネズエラなども挙げられます。リベラルな国際体制きっての受益者である中国は、今日でも自由度で195カ国中173位です。大したリベラル秩序じゃありませんか。

「国際秩序」面でも見上げたものです。このグローバリゼーションの時代の恩恵を最も受けているのは誰か、考えてみましょう。私たちが本当に問題とすべきは国内のエリート秩序です。なぜならグローバリゼーションの主たる受益者は、希少な知的財産や――これは他ならぬピーターが誰より知ることですが、――希少な現物資産、すなわち商品《コモディティ》を持つ幸運な一握りの人々だったからです。

カナダでさえ、このリベラルな国際秩序時代の格差拡大を被っています。カナダのジニ係数は1980年代から上がっています。金融危機までの輝かしい10年、拡大した国家経済の3分の1はトップ1％の稼ぎ手が得ています。カナダの所得トップ0・1％層の所得比率は、第二次大戦前と同等の水準まで嵩じています。これもまたリベラルな国際体制のもう一つの結果です。

この体制では、勝者がすべてを得るのです。それがグローバリゼーションのパラドックスの一つです。そして私の論の裏付けは、グローバリゼーションに歯止めをかけようとしているのはポピュリストだけではないという事実が示唆しています。ここカナダでも、外国人投資家による不動産投資向けの印紙税を増税したばかりですね。中国人をはじめとする外国人投資家がバンクーバーやトロントなどの市場に大挙して押し寄せたあげく、住居費が高騰したためです。トロントの不動産価格は、2000年から3倍に跳ね上がりました。

リベラルな国際秩序はやがて無秩序に陥る

締めくくりに、リベラルな国際秩序がそれほど秩序立ってはいないことについて論じます。この秩序はどう考えても国連によってもたらされたものではないし、それを言うなら世界貿易機関はさらに関係が薄い。それを生み出したのは米国とその軍であり、米国が主導する同盟体制です。これはファリード自身がしばしば記していることですよ。こうしたことを混同してはなりません。国連に立脚した集団安全保障体制と、米国の国力によって率いられたパックス・アメリカーナ（米国先導による秩序体制）とでは、大違いです。

そしてそのパックス・アメリカーナが挑まれる中、無秩序が台頭しています。イスラム過激主義は毎年、万単位の人々の命を奪っています。数千万人単位の人々が住まいを追われています。核は拡散し、北朝鮮は今夜もミサイルをぶっ放しました。幸いにも炸裂はしませんでしたが。これが秩序ですか？　本当にそう言えるのでしょうか？

ご静聴の皆さん、別にドナルド・トランプの支持者でなくても、何かがおかしいことくらいわかります。ポピュリストになる必要はありません。古典的なリベラルであれば――私はそう自負していますが――、そして古典的なリベラリズムに対する最大の脅威は野放図なグローバリゼーションであり、それが法治主義と代議制政府に則った自由社会の基盤を損なうものであることを認識すれば十分です。

だから皆さん、リベラルな国際体制の（原語の）頭文字を取ればＬＩＯですが、それはＬＩＥ（嘘）なのです。それはリベラルでもなければ真に国際的でもない、そして確実に秩序立った体制ではありません。皆さん、そんなものはもはや過去の遺物です。

ご静聴を感謝いたします。

ルーズベルト大統領が描いた戦後の崇高なビジョン

ラッドヤード・グリフィス　強烈な開幕の辞でした。さて、それではファリード・ザカリアの番です。持ち時間の10分は、すでに始まっています。

ファリード・ザカリア　ありがとう、ラッドヤード。ここにいられることは大変な光栄です。ニーアル・ファーガソンと討論しろと言われたとき、正直なところ不安でした。私は彼のように博識ではありません。彼のようにオックスフォードの学位を持っているわけでもなければ、英国風のアクセントで話すこともできません。そして、ああ彼はきっと、いま目にしたような雄弁で人々を魅了するのだろうなと思いました。彼はヴォルテールの引用から始めました。私は単純な男です。そんな芸当はできません。ただ物語をするだけです。

このリベラルな国際秩序がどう始まったのかをめぐる物語です。カナダ人に関わるので、興味深い物語ですよ。パールハーバーから1年ほどして、フランクリン・ルーズベルトは第二次大戦後の世界を米国はどうしたいのか、見極めることにしました。信じ難いかもしれませんが、彼には米国の圧勝が見えていたのです。

そしてそのことを本当に信用できる人間にしか話す気はなかった。カナダ首相で親友だった（ウィリアム・ライアン・）マッケンジー・キングだけにです。ルーズベルトはマッケンジーをワシントンに招きました。マッケンジーはオタワからワシントン行きの列車に乗り、2人は夕食を共にしました。ルーズベルトはマティーニを飲みましたが、マッケンジーには酒を薦めませんでした。絶対禁酒主義者であることを知っていたのでね。食後に2人はオーバル・オフィス（大統領執務室）に行きました。そこで先見の明ある老練なルーズベルトはマッケンジーに、戦後体制のビジョンを明かしました。

マッケンジー・キングは日記を付けており、そのためこれは、ルーズベルトのビジョンが記録された稀有な機会の一つとなりました。ルーズベルトは、それまでの世界は戦争、列強間の紛争、植民地帝国、重商主義、搾取によって特徴づけられてきたと見なしていました。その上で、米国はそうした旧体制の復活を支持するわけにはいかないと述べていま す。何か違うことを試し、しなければならないと。新たな国際秩序の構築に挑まなければならないと述べたのです。

彼はそれを取り立てて「リベラルな国際秩序」とは呼びませんでしたが、意図していたものは明らかにそれでした。それは、何よりも日独伊の枢軸国に降伏、それも無条件降伏を求めるものでした。さらに英国とフランスにも、大帝国を再構築することはできない、自由《フリーダム》と独立《リバティ》と自決をもっと重視する必要がある、との理解を求めるものでした。

彼は自由貿易と開放的な経済の世界を望んでいました。商業と交渉をより重視する世界をです。しかしそれは同時に、もっと統治の行き届いた世界でもありました。だからいくぶん政治色を帯びた機関をいくつか設け、それによって政治的紛争をより秩序正しく解決することを構想したのです。そしてその機関を国際連合と称したのです。

高度経済成長はリベラルな国際秩序の最大の果実

ルーズベルトは、これらすべてが相まってこそ、第二次大戦に米国が本腰を入れて参戦することが正当化されると考えていました。ルーズベルトは終戦を目前にして急逝し、ビジョンを実現できませんでしたが、戦時中ずっとこの構想を口にし、そのために努力を続けました。そして実際、そんなビジョンが部分的とはいえ実現したのです。

何万年もまったく異なる体制が続き、おそらく数千年はどこかが違う体制が続いた後に、リベラルな国際体制が建設されたのです。それは法治に基づいた秩序でした。商業と交渉により重点を置いた開放的な経済秩序が作られたのです。

それは完璧ではないどころか、実に多くの瑕疵を伴いました。そしてそれに連ならない国も多かった。ソビエト連邦とその友好国は重要な例外です。しかしそれは新たな世界を作ったのであり、今日われわれが生きる世界を顧みれば、これこそまさにフランクリン・

ルーズベルトがマッケンジー・キングと共に夢想した世界なのです。

それは（それまでよりも）はるかに秩序ある世界であり、ずっと政治紛争が少なく、貿易、商業、交渉、そして資本主義に重きを置き、それまでよりずっと持続的で広く繁栄するものです。それが私たちの生きる世界です。それを当たり前と思っているのは、あまりにも一般的になっているからです。こんな世の中では、些細な欠点をあげつらうなど造作もありません。それが抱える課題や一時的な停滞、ちょっとした反動などを非難するのは容易です。

だから大局を見ようじゃありませんか。ハーバードでニーアルの同僚教授であるスティーブン・ピンカーは、我々が人類史を通じて最も平和な時代を生きていることを著作で見事に立証しました。暴力、政治紛争、戦争、内戦、そしてもちろんテロ。これらは40～50年前に比べて75パーセントも減っています。そして500年前に比べればおそらく90パーセントから95パーセントは減っているでしょう、少なくとも彼はそう主張しています。私にはわかりませんが。

中世はあまり信頼できるデータが得られる時代ではないので本当にそうかどうかは不確かですが、なにせハーバードの教授ですから私は信じます。しかし現代社会の発展を見れば、リベラルな国際体制の避けがたい力、持続性、魅力を見て取ることができます。それは、先に申し上げた通り、ソビエトという巨大帝国と大半の第三世界諸国をよそに始まりました。ですが当時、50年代や60年代までには、各国は高度成長するにはこの（リベラルな国際体制の）一員でなければならないと気づき始めました。

だから日本、台湾、韓国が参加し、それから南米諸国が加わり始めました。もちろんその後、ソ連が崩壊し、それと共に共産主義が崩壊し、突如として全世界がこの体制に加わりました。だから自由貿易主義、いわゆるガット（関税及び貿易に関する一般協定）体制には70カ国が集まり、１９７０年には78カ国が加わっていました。いまでは（後身のＷＴＯが）１７０カ国です。欧州連合（ＥＵ）は、１９７０年にはその前身機関に6カ国が加盟するばかりでしたが、今では28カ国に拡大しています。ニーアルの母国英国を追い出したら27カ国になりますが、それでも当初と比べれば大変な拡張ぶりです。

いずれの集団も、こうして発展し続けてきたのです。そしてそれらはアジアの最も強力な新興諸国を含んでいます。ニーアルはこの体制が誰を力づけたかに言及しました。私も、この体制が他の誰にも増して力をもたらした相手を上げたいと思います。それは世界で最も貧しい人々です。国連の推計によると、この50年間は、それに先立つ５００年よりも多くの人々を貧困から救い上げてきました。

そしてその最大の理由は、インドや中国のような国が成長を実現し、1日1ドルかそこらで暮らしていた貧農を貧困から救い出せたからです。父が政治家でしたから、私はこの世界を良く知っています。彼の選挙区はおおむね農村部で、無数の寒村を含んでいました。30年前から40年前、インドのこうした貧村では暮らしは中世同然でした。

アメリカは100%も成長し、寿命も延び、女性の解放も進んだ

ですが現在では様変わりしました。食料もある。医薬品もある。住まいもあります。豪華とはおよそ言えないものですが、それでも日に1ドルで暮らすのと3、4ドルで暮らすのとでは違います。そんな変容がインドと中国で起きたのです。それは南米でも起きました。アジアの他の地域でも起きたし、アフリカでも起き始めています。彼らこそが、この新たなるリベラルな国際体制の恩恵を誰よりも被った人々です。

しかし他の地域もうまくやっています。米国も傍観していたわけではありません。米国の国内総生産（ＧＤＰ）は１９７０年から１０００％も上昇しています。欧州はそれほどではありませんが、欧米のどの国を訪れても、実に豊かなものです。確かに格差問題は存在します。この富をどう再配分するかをめぐる問題もあります。そしてこの30年間に起きた巨大な変化を目の当たりにした人々が文化的な不安に駆られるという問題はあります。

グローバル化は急激に進み、膨大な移民が生まれました。女性も解放されました。こうした事々がすべて文化的な不安を引き起こし、人々を「米国をまた偉大に《メイク・アメリカ・グレート・アゲイン》」、「英国をまた偉大に《メイク・ブリテン・グレート・アゲイン》」するために、より素朴だった日々を懐古させています。ですが、言わせてもらえば、これらの国々はずっと偉大だったのです。なぜなら、これら両国こそがこのリベラルな国際体制を先導し、先駆けになってきたからです。

両国はフランクリン・ルーズベルトが夢想し、マッケンジー・キングと語り合った素晴らしい未来を世界と分かち合う方法を見出したのです。その夢がピーター・ムンクをハンガリーでの迫害から救い出し、ここカナダへと至らせたのです。それは私をインドから米国へと伴い、家族を持ち、自分なりの人生を送らせた夢でした。それはニーアル・ファーガソンをスコットランド、次いでブリテンを後にして米国へと伴い、ソマリアで生まれて自由を求めてオランダへと逃れ、やがて米国へと渡った女性と恋に落ちさせた世界です。そこで彼らはトーマスという名の美しい男の子を得ました。〝おチビのトーマス〟、とニーアルが呼ぶ子供をね。私はそんなトーマスの将来は、開放的で、選択と競争があり、多様性があり、コスモポリタンで、肌の色ではなく人柄で評価する世界にかかっていると思います。

ニーアルもきっと内心では、そんな世界が強力で、深甚で、永続的なものと考えているでしょう。さもなければ彼も祖国を後にして米国パロアルトへと移住することはなかったはずです。それが未来を生み出している場所と分かっていて、それに加わりたかったからそうしたのです。

だからニーアル・ファーガソン。あなたに言いたいのは、戻っておいでよということです。リベラルな国際体制へ戻ってきてほしい。あなたとご子息トーマスにとてもやさしかったリベラルな国際体制へと。

国連や安保理は万年麻痺状態にある

ラッドヤード・グリフィス　うーん、どうですか、みなさん。腕利きの論客に真っ向勝負させるとこんな議論になるわけです。さて、反論の第2ラウンドに進みましょう。いずれとも、いまの開幕の辞に対して3分間、妨害なく反論する時間を与えられます。ニーアル、まずはあなたからです。

ニーアル・ファーガソン　彼は一線を越えました。私の子供たちまで担ぎ出したからです。感心しませんね！　スマートじゃない。後悔しますよ。

なるほどフランクリン・ルーズベルトにはビジョンがあった。しかし現実はどうです？　国連は万年麻痺状態です。安全保障理事会の常任理事国が拒否権を発動するためにね。そして実際に米国がやったことは、他の帝国を解体し、自前の帝国を建設するということでした。その結果はこもごもだったというのが公平でしょうが。だから、先述の通り、1945年以降の相対的平和を、フランクリン・ルーズベルトがマッケンジー・キングとマティーニ越しに語り合った制度のおかげと考える罠に陥るべきではないと思います。

まったく逆です。そんなものは幻想です。1945年後の相対的平和をこうした機関や体制のおかげと考えることは歴史の捻じ曲げです。誤った推論です。事実は大変な暴力が存在し、それは戦前までの暴力にも劣らないものでした。二つの巨大帝国、すなわち米ソ間の暴力です。両国とも、帝国ではないふりをしていましたが。スティーブン・ピンカーの著作も、ラルフ・ノーマン・エンジェルの『大いなる幻影』（未訳）の様になるでしょう。最初の核戦争が勃発した瞬間に色褪せるようなね。一夜にして廃れかねない主張です。

確かに中国とインドの人々は貧困から脱出しました。ですがファリード、あなたも私に劣らず知っているはずです。その主たる理由は、両国がそれぞれ共産主義と国家社会主義を捨て、政治改革によって国内経済市場を改革したことにあると。彼らの成長はリベラルな国際体制のおかげと考えるのは、またしても誤った推論です。違う。彼らが発展したのは、国家が民間部門を管理しようとしてもうまくいかないと悟ったからです。

トーマスについて言及されましたね。私にとって家族が米国で暮らしているということは大きな意味を持ちます。なぜならそれは法治社会であり、代表制議会政治国であり、過去と現在を問わず、ポピュリズム（大衆迎合主義）やデマゴーギー（大衆扇動）などの様々な試練に耐えた憲法を持つ社会だからです。だから私たちは米国社会を選んだ。妻は米国で安全に暮らせるからです。西欧にいた時よりも安全にね。あなたが語ったことは率直なところそんな「グローバロニー」（「グローバリゼーション」と「バロニー」「たわごと」をひっかけた造語）だが、それとは何の関係もありませんよ。

中国の変貌ぶりはリベラルな国際秩序の賜物

ファリード・ザカリア　私は中国について話したのですが、それはこの国については明らかに、今に至るまで誰もがずっと、目を背けていることがあるからです。それはニーアルが喝破した通り、リベラルな国際体制の最大の受益者だったことです。同国が急発展を遂げたのは単純に資本主義を取り入れたからではなく、資本主義こそリベラルな国際秩序の核心だからです。

この「リベラル」という言葉は、もちろん「独立《リバティ》という言葉に付随するもの」です。この文句を始めて用いたのはスコットランド人の啓蒙思想家で、ある意味でニーアル・ファーガソンの先人とも言えるウィリアム・ロバートソンです。そして次に用いたのはアダム・スミスでした。いずれもが具体的に資本主義と自由貿易をめぐる文脈でのことでした。しかし中国によるリベラルな国際秩序の採用はそれにとどまらない、もっと広義のものです。

毛沢東の中国は、核戦争で世界を吹き飛ばすと日常的に脅す国でした。その際には一部の共産主義国が生き残り、その余の資本主義国は消滅すると言っていたのです。その中国が、法治に重点を置くリベラルな国際体制を受け入れるまでになったのです。世界貿易機構への加盟も切望しました。今では国際連合でも懸命に影響力を拡大しています。中国は今や世界で2番目の平和維持活動支援国です。国連全体でも予算分担で2番手を目指しています。核安全保障問題への取り組みも深め、包括的核実験禁止条約も核拡散防止条約も支持しています。いいですか、これらはいずれも毛沢東時代の中国が、悪辣な条約だ、邪悪で米国が世界を抑圧するための計略だとしていたものです。

今や中国は積極的にその一翼を担おうとし、待ち受ける課題を解決しようとしています。北朝鮮問題への取り組みを見ても、やはり地域の当事国を巻き込んでより建設的で協調的な方法を取っています。一種の地域外交を回復しようとしているのです。

もちろん完ぺきではない。およそ、そうとは言えません。

また、（軍事）力はもちろん今も重要性を失っていません。古き現実政治《レアルポリティーク》（理念や理想ではなく、現実的な国家利害を力で追求する政策）は今も健在です。しかしルーズベルトは、戦争という蛮行を抑えられる何らかの規則、何らかの規範をもたらそうとしました。我々が直面する課題を考えてみてください。未参加の国々をこうした体制に組み込むための大変な努力、核兵器の台頭とそれがもたらす脅威、化学兵器や生物兵器の危険やその拡散などを。そして私たちがそうした問題の一角、例えばエボラ熱を始めとする感染症の流行に打っている対策を見てください。それに成功したのは国際協調や協議を深めたおかげです。

もちろんそれらの中には国連が関与したものも、そうではないものもあります。しかし核保有国がそれを使わずにいてくれることをただ祈るだけの世界、米国が他国を地上から消し飛ばしてやると脅し続けられる世界よりも、（こうした協調や協議に基づく管理体制こそが）望ましいのは言うまでもありません。だからリベラルな国際秩序は必然です。その他の体制など問題外なのだから。

グローバリゼーションの負の面を直視しないのは「偽の歴史《フェイク・ヒストリー》」

ラッドヤード・グリフィス　ニーアル、2度目の反論の番です。

ニーアル・ファーガソン　歴史の話をしたいと思います。ファリードの議論を聞いていて最も気になったのは、かつて非常によく似た論を聞いたことがあることです。19世紀後半にさかのぼると、いま私たちがグローバリゼーションと呼んでいるものに則って新たな国際秩序体制が構築できると信じる人々が大勢いました。国際的なリベラル体制という考えは第一次大戦に先立ちます。現代にも見られる事々が、かつてないほど盛んだった頃にです。

19世紀後半当時、海外移民は、今日並みの水準に達していました。１８８０年代、米国では外国生まれの国民の数は14パーセントほどで、自由貿易も過去最高を記録していました。国際的な財の交換も資本の流れも、いずれもが未曽有の水準に至っていたのです。

そして当時のリベラルな知識人は――ファリード、謙遜はおよしなさい、あなたがイェールに通いハーバードで博士号を取ったことは知っています――、今まさにファリードとわが友スティーブン・ピンカーが犯している過ちを犯しました。それは「万事順調」と考える過ちです。１９９０年初頭のあなたの片割れたちの様にリベラルの泡で踊っていれば、すべてが素晴らしく見えるものです。

ジョン・メイナード・ケインズの有名な言葉通り、グローバリゼーションのおかげで、注文できるものなら何でもわずか数日で書斎に届くようになりました。電報、蒸気船、国際貿易――ノーマン・エンジェルの『大いなる幻影』は、問題など起きようもないと書いたものです。我々が構築したリベラルな国際体制があれば戦争なんて馬鹿げたことは起こりっこないとね。

彼らは間違っていました。そして彼らが間違っていたのは、グローバリゼーションの行き過ぎを看過した時のしっぺ返しを甘く見ていたからです。彼らはまた、国際機関が国際紛争を回避できる能力も買いかぶっていました。ハーグ平和会議（万国平和会議）なんて何の役に立ったでしょう？ ここに歴史の教訓があります。我々が学ぶべき本当の歴史は、かつてグローバリゼーションが自爆した歴史です。

フランクリン・ルーズベルト、国連、おチビのトーマスは幸せに暮らしましたとさというおめでたい物語を聞いて、私は憂慮します。それはグローバロニーではないのか、とね。いや、いっそうたちが悪いのは、ファリード、それが偽の歴史《フェイク・ヒストリー》であることです。そしてあなたも本当は内心ではそれがわかっているのではないですか。以上です。

移民、格差、ポピュリズムの問題は良き政策で解決できる

ファリード・ザカリア　ドナルド・トランプに関連づけられたくない人にしては、「偽《フェイク》の」という言葉をたびたび使いますね、ニーアル。しかしあなたをドナルド・トランプと一緒くたにすることは慎みましょう。あなたが彼を買っているのかいないのか、本音がわ

からないのでね。むしろあなたが並べ立てた指摘に答えたいと思います。なぜならそれらは疑問の余地のない現実だからです。ドナルド・トランプは自らを唯一無二の存在と誇示していますし、現実や物事に対する恣意性などの点では私も比類のない人物と思います。

しかし彼は、多くの点で趨勢を体現しています。（トランプの追い風となった）リベラルな国際秩序を突き上げる右派のポピュリズムは随所に見られます。目を引くのはむしろ、それが見られないところです。南米では、こうした勢力の台頭は限られています。南米諸国は、むしろリベラルな国際秩序に加わろうと懸命です。メキシコでもブラジルでもアルゼンチンでもポピュリズムは下火になっています。アジアに目を転じても、インドであれインドネシアであれ日本であれそう言えます。改革主義者の首相や大統領が（リベラルな国際）体制の一翼を担わんとしているのです。

ポピュリズムが見られるのは米国と欧州、そして欧州でも経済がしごく好調な国です。だからこの趨勢をもっぱら不景気の落とし子と見ることはできません。ドイツ経済は抜きん出て好調ですから。

格差問題のせいばかりにもできません。例えば北部ヨーロッパでは格差はさほど拡大していません。オランダではこの20年間、格差指標であるジニ係数は上がっていません。スウェーデンは非常に力強く成長しています。しかしこうした地域には共通項があります。移民が増えていることです。そしてそれが文化的な不安を掻き立てています。直言すると、移民問題は現実であり、不安に駆られるのも尤もな面があります。しかし過去にも、米国においてさえ、移民が規制された時期があります。その間も、リベラルな国際体制は拡大し続けたのです。

そこから、こうした問題は管理可能であることがわかります。格差問題には対処のしようがあります。移民問題も対処可能です。そして実際、私たちはいま右派ポピュリズムが急伸長していない西側国家の一つカナダにいるではありませんか。そしてそれは大部分、移民問題にとてもうまく対処しているおかげだと言いたい。

これはカナダだけの特質ではありません。カナダ人のDNAに刻み込まれていることではないのです。カナダはかつて白人のみを受け入れる移民政策をとっており、それはそれなりに問題でした。ですが、やがてピエール・トルドー政権、次いでマルルーニー政権でそれを変えました。それは進歩的な改革で、ある種の多文化主義と同化主義に基づく改革でした。そして今やカナダ人は、イリベラルな反グローバリスト・ポピュリズムの台頭を横目に、それに与しないという稀有な立場を保っています。今日のカナダには、そんな思潮はほとんど全く見られません。

そして私はそれにとても勇気づけられています。ニーアル・ファーガソンが提議した非常に現実的な難問は政策で解決できるとわかるし、我々は皆、世界中がこぞって、もう少しカナダ人に学ぶべきと再認識させてくれるからです。

欧州の迷走はリベラルな国際秩序の機能不全を象徴している

ラッドヤード・グリフィス　素晴らしい開幕の辞となりました。さて、司会が介入する段階へと差し掛かりました。ごく控えめに、口を挟ませていただきます。さてご両人。まずこの論戦の焦点を少し修正することから始めたいと思います。なぜなら、思い出してください。議題は「リベラルな国際秩序は終わったのか？　いまこそ決着をつけよう」だからです。

その良し悪しは二義的な問題と思います。その点について評価の定まっている人もいるかもしれませんが、観客の多くは、それは終わってしまったのか否かを知りたいと思っているでしょう。だからニーアル、少しあなたに圧力試験を課したいと思います。どうしてそれらが悪いのかではなく、それが終わってしまったこと、もう賞味期限切れであることの確固たる例をいくつか挙げてください。

ニーアル・ファーガソン　そうですね、ファリードは今まさに欧州についてとても楽観的なことをいくつか述べましたが、私は現在の欧州連合危機こそリベラルな国際秩序の終焉のたっての好例と思います。いいですか、欧州連合こそまさしくファリードが解決策になれると称揚した例の一つです。ですがＥＵは機能などしておらず、それが英国人の多くがＥＵ離脱に票を投じた理由の一つであるというのが実相です。

私は昨年のブレグジットに賛否相半ばする思いでした。ですが、多くの英国人が離脱に賛成票を投じた理由は腑に落ちました。彼らがそう投票したのは、二つの非常に根本的な面で、欧州連合が機能不全に陥っていることを看取したからです。ＥＵは金融危機への対処をそっくり誤り、欧州経済通貨同盟の他の加盟国への悪影響を激化してしまった。英国は通貨同盟に距離を置いていたことに大いに胸をなでおろしました。

さらに北アフリカと中東での危機が生んだ膨大な移民問題への対応にも大失敗しました。欧州の政治家はアフリカや中東の危機を天然災害のせいにしたがりますが、実際、欧州連合はその原因に関わっています。この十年間、欧州連合は国家が担うべき最も基本的な役割、すなわち経済管理から国境防衛に至るまでの全段階でことごとく大失敗したのです。だから英国は、舵を取り戻さなければ、と反応したのです。

これはとても大切なことです。なぜなら主権国家による管理は、統治の正統性を保つうえで不可欠だからです。欧州の恐ろしいところは、ファリードが愛する国際機関の失敗がポピュリストの勢いの源泉になっていることです。そしてそれこそ私が今夜、問いたい問題です。

マンハッタンのアッパー・ウエストサイドのエリート人脈に取り囲まれて浮かれ――ファリード、残念ながらあなたはそうなっていますが――、「万事順調」と悦に入っていれば、そして次いでおそらくスウェーデンやロンドンのエリート人脈の中でそうなれば、辺境部の市井の人々――フランスの国境地帯、中欧や東欧の田舎の人々の気持ち――がどれだけ離反しているかはわからないでしょう。それらがあなたのリベラルな国際秩序から急激に離反している地域です。

これは問題ですよ。私はここで、ファリードがあてこすったポピュリズムを正当化したり弁護したりするものではありません。私が言いたいのは、それはまさしくこのリベラルな国際秩序の機能不全の現れだということです。そして私は、欧州連合はいずれ瓦解すると思います。大陸全体で単一の通貨政策を追求することなどどだい無理だし、大陸全体で国境なく人々が移動できるなど無理な相談だからです。

ＥＵは国家のような安定性と正統性を持ちえません。英国人は、ただそれを最初に見抜いただけです。

欧州連合の成立で「戦争の恐怖」は消え去った

ラッドヤード・グリフィス　ファリード、反論を伺いましょう。欧州は死に瀕した坑道のカナリアなのでしょうか？

ファリード・ザカリア　ニーアルがパロアルトの人々と交際しているのは慶賀の至りです。現地では私の住まいの値段ではせいぜいガレージしか買えませんから。しかし欧州連合について話す際に大切なのは、歴史を忘れないことです。第二次大戦に先立つ400～500年間、欧州はそれまで他の大陸が経験したことのない大戦争で破壊し尽くされました。

例えば宗教戦争によって、ドイツ人のざっと3分の1が落命しました。フランスとドイツは1850年から1950年までの間に3度戦火を交え、そのうち2度で世界を巻き込みました。そして今日の欧州連合の何よりの功績は、数百年にわたって繰り返し交戦していたこの両国がまた戦争に突入するなど、およそ考えられなくなったことです。

確かにEUは国境管理の課題を抱えています。そして集うたび通貨政策をめぐって角突き合わせているのも確かです。そして、ええ、もちろんある種の通貨政策を採った時に、それにそぐわない財政政策を採るのは非常に困難です。ですがそれは、ドイツがフランスやベルギーを侵略する世界とは大違いです。第一次大戦の、第二次大戦の、それに先立つすべての戦争の恐怖とは大違いです。

ですから欧州連合を、その官僚的なあり様や動脈硬化を貶して見せるのは時流に乗っているのでしょうが、それでもＥＵは、全世界の国々が規範にすべき政治的・経済的協調の稀有な偉業なのです。問題解決はこうありたいものです。かくあるべきです。

ところで、１９００年代のリベラルな国際主義者たち、ノーマン・エンジェルらなどは、永遠の平和を予想したわけではありません。ノーマン・エンジェルの本には、永遠の平和が訪れるだろうとは書かれていません。彼が言ったのは、欧州で戦争をしてもとても高くつき、経済的に見合わなくなるだろうということでした。戦勝国も大陸を混沌に陥らせることによって経済的に敗者になってしまい、だからそんな賭けをする価値はなくなるだろう、と。ＥＵ体制が達成した相互依存によって、彼の正しさはまさしく証明されたと言えます。

英国は常に欧州を嫌っている

ではどうして英国はＥＵ離脱を決めたのでしょう？　英国は常に欧州を嫌っていました。

シェイクスピアの『リチャード二世』のジョン・オブ・ゴーントの演説は「王権を授けられた」英国が、狡猾で惨めで横暴で好戦的なマキャベリ的大陸に対峙するという内容一辺倒です。これが英国の一貫した自国観です。

英国は常に自国を、あらゆる点で独立独歩の国と見なしてきました。１９００年の英国の有名な見出しがあります。「（ドーバー）海峡に霧をかけよ、大陸を切り離せ」というの……。

ニーアル・ファーガソン　それはでっち上げだ、ファリード。

ファリード・ザカリア　これは英国の……

ニーアル・ファーガソン　それはでっち上げの話だよ。

ファリード・ザカリア　私はただ……

ニーアル・ファーガソン　わたしははっきりさせたいだけだ。それは作り事なんだ。よくできた話だが、真実ではないのですよ。

ファリード・ザカリア　まあ、我々ジャーナリズム関係者の間では、できすぎた物語は検証できないと言いますが……（訳注：ザカリアは1900年を指定しているが、中には1957年10月22日の『ザ・タイムズ』の1面とする説もある。ファーガソンはナチスドイツによる英国の反大陸主義を指嗾《しそう》する対英宣伝だったとしている。この新聞見出しが存在したか否かはいまだに出典不明であり、都市伝説とみなす向きもある）。ブレグジットの話題を持ち出したのはニーアルの方だと思いますが、私が感銘を受けたのは、テリーザ・メイの欧州連合からの離脱宣言でした。そこで彼女は、我々がこうする（EU離脱）のは、グローバルで自由貿易の英国でありたいからだ、世界を受け入れ、国際通商と協調をもっと拡大し、加盟しているすべての国際機関や団体にとどまりたいと述べたのです。英国のEU離脱はグローバルな自由貿易と偉大さへの道筋と見ました。

さて、自由貿易に至るために、なぜ世界最大の自由貿易集団から離脱しなければならないのかと思うかもしれません。しかし私は、英国のEU離脱は何らかの先駆けと見るべきではなく、むしろ通例を際立たせる例外であると思います。EUは6カ国から始まり28カ国にまで拡大したのです。

加盟を指折り数えて待ちわびている国々もあります。どうしてでしょう？　英国が離脱を願う一国である一方で、なぜ他国は加盟を望んでいるのでしょう？　彼らは安定の、平和の、協調の価値を知っているからです。歴史上、未曽有の変化を遂げた欧州の「それ以前」と「それ以後」を見ているからです。

欧州連合は中央集権的で連邦主義的な失敗した政府

ニーアル・ファーガソン　少し話を戻してもよいですか？　欧州連合とは何かを突き詰めれば、それを自由貿易地域と呼ぶのはこじつけですよ、ファリード。なぜなら欧州連合とは、マーストリヒト条約からずっと一種の連邦制度を目指した結果だからです。アンゲラ・メルケルが「ブンデスリパブリク・アウローパ」すなわちヨーロッパ連邦共和国と呼んだものをね。

いくつかの点でヨーロッパのあり様をよく観察すると、――それにはブリュッセルでEUを牛耳っている人々を知ることですが――ユーロクラッツ（欧州連合職員）は税金さえ払わず左うちわです。それは20世紀中頃の思考の結構な産物ですよ。極端に官僚的で、非常に中央集権的なのです。彼らは「サブシディアリティ（行政判断をできるだけ下位組織で行い、それができない場合にのみ上位組織で行う統治機構設計原則）」などと嘯きながら、その実、握れる権限は何一つ委譲などしやしません。

それは極端に複雑な規制体系に基づいており、私に言わせれば最大の要点は、それを司る人々が私の言う辺境の欧州人から完全に遊離していることです。さて、ファリードは私がパロアルト市内ではなく近郊で暮らしていることを笑い種にしてくれました。ですがファリード、私があなたの立場ならトロントの不動産価格を物笑いの種にはしないでしょう。

それはジャスティン・トルドーを始めカナダ人自らに、グローバリゼーションの行き過ぎを悟らせるものです。そして今日かくなれ果てた欧州連合と、テリーザ・メイを始めロンドン市民が目指していることを峻別するのはよいことです。前者はある種の中央集権的で連邦主義的な失敗政府です。一方、我々が目指すべきは、民主的で法治主義に基づく主権国家を基盤とする安定的な国際体制だからです。

その体制が貿易協定を結ぶことはもちろん可能でしょうが、貿易協定など金科玉条ではない。北米自由貿易協定（ＮＡＦＴＡ）を検証すべき時であるのは疑問の余地がない。これは完璧には程遠いものの、それでもまさに安定した国際体制と私がみなすものです。カナダ、米国、そしてメキシコは、貿易協定を見直すことにしました。英国とは事情が違います。

英国議会は、欧州連合理事会が決めた規則を英国民の意向などお構いなしに押し付けられていました。ＥＵはファリードの言うリベラルな国際体制の権化でしょう。しかし私には、ＥＵと、国家を基盤とするもっと保守的な体制とでは、大違いに思われます。歴史を振り返ると後者の方がより安定することがわかります。

若者の多くはリベラルな国際秩序を望んでいる

ラッドヤード・グリフィス　ファリード、論点は多岐にわたりましたが、命題にこだわり続けたいと思います。それ（リベラルな国際秩序）は終わったのかどうか、です。その是非を論ずることはできますが、会場に詰め掛けた3000人は、この命題に決を投じなければなりません。リベラルな国際秩序は、その終焉を迎えたのでしょうか？

（欧州から）大西洋を渡って米国へと話を戻しましょう。なぜならニーアルが開幕の辞で述べたように、リベラルな国際秩序の正統性は風前の灯火との意見があるからです。リベラルな国際秩序が西側民主国の有権者の大半を疲弊させたために、今では各国政府がこれ以上それを追求することに世論の理解を得られなくなっているのではないか？

この具体的な問いにどう答えますか？　リベラルな国際秩序は、本当に信奉すべき政治経済体制なのかという疑問を払拭できないがために既に終焉した、という議論に対して？

ファリード・ザカリア　ええ、それについて考えてみましょう。それについてはブレグジットとドナルド・トランプ（政権誕生）以降にさんざん議論されましたが、我々は今や少し違った状況にあるのではないか、と指摘したいと思います。ちょうどフランスで選挙が行われ、（注：討論は２０１７年4月28日実施）どうやらエマニュエル・マクロンが勝ったようです。元ロスチャイルドのバンカーで、経済的自由貿易主義者で、欧州連合の強固な信奉者で、汎大西洋主義者で……

ニーアル・ファーガソン　君の仲間のようだ、ファリード。ダボスで会ったに違いない。

ファリード・ザカリア　ええ、その通り。ドイツの選挙（連邦議会選挙。投票日は同年9月24日）の本命はアンゲラ・メルケルです。もしも彼女が負けるとしたら、彼女以上に汎欧州主義的な社会民主党にだろうと目されています。

ニーアル・ファーガソン　英国が離脱するのも尤もでしょう？

ファリード・ザカリア　ドナルド・トランプと米国に目を転じると、彼が大統領選を制したのは事実ですが、ヒラリー・クリントンの方が300万票も多く得票したのも事実です。そして現時点で、トランプの大統領支持率は史上最低です。

つまり社会に様々な力が働いていることが重要なのです。実に多くの人々が、我々が暮らしているこの世界、リベラルな国際秩序社会を支持していることを忘れないことです。何よりも印象的なことは、ラッドヤード、それが終わってはいないと考える理由です。それは、こうした社会のすべてに共通しているのは、若い人たちが圧倒的に私の言う世界を支持していることです。

それは彼らがそんな世界こそ必然と心得ているからだけではありません。中国の成長は止められない、技術革新は止められない、貿易と資本移動から生まれる協調と相互依存は止められないとわかっているばかりか、それが有益であることを理解しているからでもあります。開放的で関わり合い、複数性があり寛容で多様性ある社会を望んでいるのです。

そんな若者たちは、米国でも、欧州でも、さらには英国でさえ、膨大な数に上ります。もし投票権が40歳未満に限られていたら、ブレグジットは地滑り的大敗を喫していたでしょう。私はそこに、将来はそんな世界にかかっているのだという要点を見出します。

現状は、年配で教育水準が低い米国や欧州の田舎暮らしの人々がもっともな不安を抱えている過渡期なのです。それに対しては、既に述べた通りしかるべき政策で対処すべきで、移民問題から経済問題に至るまでの万事に政策的対処法はあります。ですが未来はリベラルな国際秩序にかかっていることを忘れてはなりません。

ラッドヤード・グリフィス　人口動態が命運を握っている、ということですね。

米国の若者はサンダースを、仏国の若者はメランションを支持

ニーアル・ファーガソン　未来は若者たちにかかっているとのたまう人々には常に用心が必要です、なぜなら現実は、ラッドヤード、あなたの問いに答えるならグローバリゼーションの絶頂期、リベラルな国際秩序の最盛期は、すでに過ぎ去っているからです。これはごく単純な指標で証明できます。貿易はもはや金融危機以前のような勢いで成長しては

いません。実際、ファリードもよく知っているはずですが、貿易が危機後のグローバルな経済成長に果たす重要性などはるかに減っているのです。

国際的な資本移動も激減しています。移民危機がリベラルな国際体制の根本的な弱みを暴き続けていることに気づいてください。それはシリアのようなごくありふれた内戦さえ鎮静化できないのです。今では母国を追われた人々が世界で6500万人おり、そのうち2100万人は国連に難民認定されています。

およそ成功したリベラルな国際秩序《インターナショナルオーダー》の姿ではありません。ますます不寛容《イリベラル》な内輪《インナー》エリートたちによる国際的無秩序《インターナショナルディスオーダー》になりつつあります。それが強い愛想尽かしの原因です。右左両派ともにポピュリストに支持が集まっている理由です。ポピュリズムには、共産主義国のアイスクリームよろしく二つのフレーバー、ラズベリー味とチョコレート味があるのです。

まさに昨年、バーニー・サンダースが活躍しました。もし選挙で不正が行われなかったら民主党大統領候補に指名されていたはずです。そしてフランスの選挙を見ると、ファリード、言っては何だが、マクロンは若いフランス有権者たちから全く支持されていなかった。若年層はみな共産主義者のメランションを支持していました。だから、中道が持ちこたえているなどというでっち上げはやめることですよ。

現状は――これは昨今に発表された様々な研究のいずれからも明らかですが――、学術的に研究をすれば明らかです。歴史資料に真剣に取り組んで1870年以降の選挙の歴史を直視すれば、驚くべきことがわかります。それは金融危機が、グローバリゼーションへの反発へと続き、政治的中道を蝕むことです。そして中道は、極右と極左の両極から蚕食されています。欧州の政界の現状は、タイタニック号の甲板でデッキチェアを並べ替えているようなものです。その結果はお判りでしょう。マクロンの勝利は固いでしょう。そしてアンゲラ・メルケルに会う。あるいはマルティン・シュルツ（元欧州議会議長、現独社会民主党党首）にね。彼らは互いに「万事順調」と言い合うのでしょう。

こうして疎外・断絶は続きます。まだ読んでおられなければ、ミシェル・ウェルベックの好著『服従』（河出書房新社）のご一読をお勧めします。なぜなら同書で彼は、今回のフランス大統領選の行方を正しく見通した上で、次の選挙では、国民戦線の候補マリーヌ・ル・ペンを退けるためにイスラム教徒の候補が立つだろうと主張しているからです。

そしてそれこそ、注目すべき要点です。今どうなっているか、今週の世論調査の結果はどうかではなく、欧州がどこに向かっているのか、です。そして私の目には、それは明らかに持続不可能な道です。もしトルコのエルドアンのようなイリベラルなエセ民主主義者と手打ちをしなければ国境も守れないのなら、あるいは南欧の辺境国の基本的な金融安定性も確保できない（イタリアの銀行は問題を克服したわけではないことをお忘れなく）のなら、リベラルな国際秩序賛歌などダボスやアスペンでお題目を唱えているにすぎません。これまでにも増して冷徹に着実に縮んでいくタイタニックの甲板の上でね。

貿易の縮小、テロの増大は体制の終焉を象徴している

ラッドヤード・グリフィス　ファリード、会場の多くの人々も想起しているであろうリベラルな国際秩序の終焉のいくつかの徴候について反論して下さい。クリミア半島の編入は他国主権の侵害であり、そのようなことは1945年の第二次大戦終戦後にはもうあり得ないと思われていたものです。

ニーアルが指摘したように貿易も縮小しています。さらに重要なことは、ありふれた軍

事攻撃への対抗措置として無防備なシリア市民に化学兵器が使われたことです。こうした事々を、あなたはどうしてリベラルな国際秩序の終焉の兆しと重視しないのでしょう？

ファリード・ザカリア　世界で起きる様々な悪いことを指摘し、そこに傾向を見出すことはできますよ。しかし逸話をいくつか寄せ集めればデータになるわけではありません。実際に世の中で何が起きているのかを知りたければ、データを集めなければなりません。そして集積されたデータが示すところ、政治的暴力、すなわち戦争、内戦、テロリズムなどは減っているのです。昨年はいくらか増えましたが、しかし過去30年、40年、50年、60年、70年、80年単位でデータを総覧すれば、右肩下がりになっています。

ニーアル・ファーガソン　お言葉ですが、ファリード、ここは非常に重要な点です。なぜなら私たちが議論しているのは、これが転換点であるかどうかだからです。武装紛争やテロリズムのデータを見れば、２０１０年からはっきりと増勢に転じています。同年に底を打ったのです。

ファリード・ザカリア　それには同意します。

ニーアル・ファーガソン　「アラブの春」などと持ち上げられた事件以後の出来事すべてがテロリズムを生み、武装紛争を激化させています。だからリベラルな国際秩序は盤石とは言えません。ごく最近でも、2010年を境にそうではなくなった。

ファリード・ザカリア　それについて少し話をさせてください。

ニーアル・ファーガソン　年間に文字通り2万人、3万人という単位の人々がイスラム教徒テロリスト、イスラム国やボコ・ハラムなどによって殺害されています。ぞっとしますね。と言うのは、連中なら私の妻を殺しかねなかったためでもあります。

ファリード・ザカリア　実にひどい話だ。そして米国では年間に3万人が拳銃で殺されている。それもひどい話です。

ニーアル・ファーガソン　それは話が別だ。別個の話ですよ、ファリード！

新興国、途上国の多くはリベラルな体制への加入を望んでいる

ファリード・ザカリア　少し視野を広げて世界の暴力の現状を見てみようではありませんか。今年は朗報が届きました。コロンビア政府がＦＡＲＣ（コロンビア革命軍）との停戦合意を発表したことです。過去50年にわたって続き、30万人から40万人を殺し、百万単位の人々を故郷から追った紛争をです。

そして画期的と思われるのは、それが西半球における紛争の一種の終焉を画していると思うからです。つまり今や世界の半分には、いかなる戦争、内戦、あるいは武装紛争も無いのです。そしてそれは他でもない南米での出来事です。南米は私が渡米した時、非常に暴力的でした。当時の南米には、武装した反政府勢力がいる国が五つか六つはありました。米国はニカラグアのような国で武装勢力を援助していました。それからグレナダに、次

いでパナマに侵攻しました。南米では様々なことが起きましたが、今やそれらは事実上、終わりを告げたのです。世界の暴力は、ナイジェリアからアフガニスタンへと続く、いうなれば「危機の三日月地帯」に限られています。それはほぼ全域がイスラム・ベルトに属しています。気にかかりますね。

その原因のいくつかについては、おそらく私もニーアルも意見が一致するでしょう。ですが、これがごく限られた地域であることに留意してください。アジアでは起きていません。アフリカでもおおむね見られない現象で、これは特筆すべきことです。私が言いたいのは、悪いことは世界的に起きているわけではないということです。１９４０年代、世界には悪いこと（第二次大戦）が起きていたことを思い起こしてください。１９１４年から19年にかけてもね（第一次大戦）。19世紀には悪いことは山ほど起きていました。しかしより大局的な傾向は見誤りようもありません。

最後にもう一つ言わせてください。ニーアルは欧州連合についてたびたび触れていますが、それについて重要な点があるからです。欧州連合を最も望んでいる人々は、ダボスやアスペンに出かけていくエリートではなく、より貧しい欧州周辺国の市井の人々です。

ウクライナを見てください。どうしてウクライナはロシアのくびきを逃れようとし、そしてその結果ロシアはそれに対し帝国主義的な行動を取っているのでしょう？　ウクライナがくびきを逃れようとしたのは、このリベラルな国際体制の一員でありたかったからです。ではどうしてそれを望んだのか？　１９９０年、ウクライナとポーランドは選択に直面していました。ポーランドは欧州連合の一員になることを選択しました。西側に連なることを、リベラルな国際体制の一部になることを選んだのです。

ウクライナは、それが主体的な選択であったかどうかはともかく、この体制に連なることを許されませんでした。１９９０年、ポーランドとウクライナの人口当たりＧＤＰは同程度でした。今日、ウクライナの人口当たりＧＤＰはポーランドの3分の1です。だから事情を鑑みれば、ウクライナが（ＥＵ加盟を）望んだのです。市井のウクライナ人、ポーランド人達が、です。ところで欧州連合は彼らに、政治的安定も授けました。

欧州連合は彼らにあらゆる経済的援助もしました。世界最大の経済市場を与え、その中で両国は成長できました。ある種の秩序と保護も与えました。彼らこそ、私が欧州連合に未来はあるのかを自問する際に目を向ける人々です。ダボスに集うバンカーたちなど眼中にありませんよ。

シリコンバレーの技術革新は世界平和に貢献していない

ラッドヤード・グリフィス　気が付くと、閉幕の辞まであと5分しか残されていません。ニーアル、あなたに問います。技術についてです。あなたはパロアルト市内ではないが、近郊にお住まいですね。

我々は急速な技術革新と変化の時代を生きていますが、今夜、会場に詰めかけている皆さんの多くも首を傾げていると思います。どうして今日の技術革命がリベラルな国際体制の強固な土塁にならないのか、と。コミュニケーションは、多くの点で強力に推し進められています。ネットワークを作り、人々をつなぎ、言語や国が違っても話し合うことができる。それなら、リベラルな国際体制を抑えるのではなく、推進しそうなものでは？

ニーアル・ファーガソン　ええ、実におかしな成り行きだと思いませんか？　マーク・

ザッカーバーグがフェイスブックを創設したときに目指していたものとは大違いです。おそらく、全く心ならずも昨年にドナルド・トランプ当選の最大の原動力になってしまったものを作り出した時にね。ソーシャル・ネットワークが内政ばかりか国際政治にも果たした役割を見れば、ファリードの愛するリベラルな国際秩序の助けになったとはおよそ言えないはずです。

そしてそれは全く驚くべきことではありません。なぜなら、フェイスブックや、言うまでもなくグーグルのような会社の野放図な成長は、間違いなく人々を結び付けているからです。我々はかつてより、ずっと結ばれ合っている。しかしそれは、今夜ファリードが売り込んだ価値を促進しましたか？　実際にはノーです。それは悪名高いフェイクニュースばかりか、正真正銘のサイバー戦争の強力な原動力を生み出したのです。

ファリードはウクライナについてのあなたの質問をかろうじてかわしました。ウクライナ編入とはすなわち、リベラルな国際秩序の完敗です。国連憲章にもとるばかりか、ブタペスト覚書（1994年に欧州安全保障会議で結ばれたウクライナと核保有国間の安全保障覚書）にも反しました。そしてロシア連邦へのクリミア編入は、今ではリベラルな国際体制にとって、「こんなこともある、仕方がないさ」で済まされています。

今やウクライナはおおむね内戦状態にあります。それを「凍結された紛争」(解決はしていないが戦闘は収まっている状態)と呼ぶのは間違いです。実際には極めて熱い紛争で、と言うのは定期的に武力衝突が勃発しているからです。

ファリードが描いて見せた南米像にも当惑します。ベネズエラのニュースを聞いていないのでしょうか? カラカスをフォローしているのでしょうか? 南米のいくつかの国、中でもアルゼンチンでは、ポピュリズムこそ退潮気味かもしれません。しかしベネズエラではいまも激しい反動勢力が勃興しつつあり、カラカスの路上では人々が殺されています。私の思うところ、我々は皆おそらく、高度に結ばれ合った世界を買いかぶっていたのでしょう。

我々はおそらく、元KGBの諜報員たちこそトロール軍団(ロシアの情報攪乱部隊)を動員して民主選挙に影響を与えることに誰よりも長けていることを見過ごしていたのでしょう。イスラム過激派にとって、結ばれ合う世界がメッセージを広めるうえで大変な好機になることを見くびっていたのでしょう。

ファリードは、(暴力紛争は)危機の三日月地帯に封じ込められていると言いました。本当ですかね? イスラム過激派が封じ込められている? サンバーナディーノ、ロンドン、パリでのテロ殺傷事件の際にはとてもそうは思えませんでしたが。カナダでさえ襲撃がおきています。これはグローバルな脅威で、残念ながら我々がシリコンバレーで夢想した技術は事実上、道徳とは無関係であると証明したのです。

歴史の弧はゆっくり正義の実現へと向かっている

ファリード・ザカリア　一つ口をはさんでよろしいですか、ニーアル。欧州におけるテロリズムの発生とそれによる死者は１９７０年代には現在の3倍だったことを忘れるべきではありません。人々を脅かすのは簡単です。今日のテロリストはイスラム教徒だし、彼らは外見も言葉も異質だからです。さらに彼らは、いくつかの点で危険であるのも確かな事実です。しかし欧州がテロリズムの最悪期を乗り越えてきたことは忘れずにいたいものです。テロをだしにして人々を煽り立てるのは容易でしょうが、我々は暴力の季節、暴力の期間を乗り越えてきたのです。

確かにロシアによるクリミア編入は暴挙です。チェコにソ連が侵攻したのもそうでした。1956年にハンガリーに攻め込んだ時もです。アフガニスタンにソ連軍が侵攻したときもしかり。あなたの言うリベラルな国際体制の全盛期に、惨事が起こらなかったわけではありません。問題は、秤がどちらに傾いているかです。マーティン・ルーサー・キングの有名な演説の一節を借りるなら、世界の道徳の弧はゆっくりとだが正義へと傾いていくということです。

私は言いたい。歴史の弧はゆっくりと、そして紆余曲折を経ながら、全体としてはより大きな自由へと傾いていくのだと。なぜならニーアル、あなたも崇めてやまないマーガレット・サッチャーの言う通り「人は自由に選択できるなら自由を選択する」からです。私は今もそれを信じている。あなたがそうでなかったとしても。

ラッドヤード・グリフィス　なるほど。素晴らしい討論でした、御両人。時間は無くなりつつあります。ここで閉会の辞に移りたいと思います。開幕の辞とは逆の順にお願いしましょう。時計は5分間にセットされます。ファリード、あなたからです。

排外主義を唱えても現実は何も変わらない

ファリード・ザカリア　先に申し上げた通り、私はこの学術論文も読みこなす博識で優秀、そしてとても優雅な語り口の英才と対峙することに不安でした。ですが今一度、私の乏しい知識を分かち合いたいと思います。それはデヴィッド・リーン監督の名画『アラビアのロレンス』の一幕です。

ロレンスは、アラブ部族らに、団結してオスマントルコ帝国に立ち向かうよう説得します。そのためトルコ帝国の要塞があるアカバ港を目指します。それには過酷な砂漠を越えなければなりません。皆、そんなことはできない、かつて誰も成し遂げたことがないと口を揃えます。ロレンスはそんな抵抗を辛くも説き伏せたものの、砂漠の最中でガシムという名のとても重要で誰からも愛されていたアラブ戦士がはぐれたことに気づきます。

オマー・シャリーフ演じるシャリーフ・アリは、ロレンスに言います。どうすることもできない、彼は砂漠に飲み込まれてしまっただろう、それが運命だったのだ、と。あらかじめ決められた運命だ、とね。ロレンスはガシムを救いに、二度目の砂漠単独行に挑みます。そして無事にガシムを連れて生還するのです。彼はシャリーフ・アリに言いました。何事もあらかじめ決められてなどいない、と。

目を向けてほしいのは、私たちの目の前で歴史が作られていることです。確かにリベラルな国際秩序には、様々な課題がのしかかっています。その終焉を囃し立てる輩もいます。ドナルド・トランプからマリーヌ・ル・ペン、ナイジェル・ファラージ（英独立党党首）、ヘルト・ウィルダース（蘭自由党党首）に至るまでね。彼らはみなそれの失敗を望み、自分たちは上げ潮に乗っているのだと信じ、おそらく彼らの複雑さをわかってもいないであろう人々の不安に付け込み、非常に単純なことを口にする連中です。

ドナルド・トランプによる米国人、特にニーアルが言うような人々に対するメッセージはつまるところ、お前の人生はめちゃくちゃだ、それもメキシコ人、イスラム教徒、中国人のせいだ、というものです。メキシコ人はお前の職を奪っている、中国人は工場を奪っている、イスラム教徒はお前の命を脅かしている、とね。俺が連中をまとめて叩きのめしてやる、そうすればまたみんなグレートになれるのさ……。その気にさせる強いメッセージです。

選挙戦全体が、この2分間のメッセージで構成されていたのです！　しかし真実は、外国人を叩きのめしても別にどうにもなりはしないということです。国境に壁を築いたからと言って、別にどうにもなりはしない。自ら世界に背を向けても始まりません。

まるで、映画の世界を生きている様な気がします。私が生まれ育ったインドは、このリベラルな国際秩序を強く拒むインドでした。なぜならそれを、西側の計略だ、米国の帝国主義だ、英国による新手の植民地主義の形だ、と信じていたからです。そしてインドはそれから隔絶し、自国の産業を保護するのだ、労働者を、文化を保護するのだと言いました。

そして代わりに手に入れたものは、腐敗、堕落、停滞、そして世界からの孤立感でした。技術革新を欠き、ダイナミズムもなく、このずっと広い世界への連なりがもたらす希望の実感もありませんでした。だから私は言いたい。運命論に屈してはいけない。連中に怯んではいけない。我々はそんな力に立ち向かえるのです。あきらめることはない。ニーアルに投票するのは、ある種の中東的諦観に屈することです。我々はそんなものではなく、歴史は自分で書けるのだということを信じているのです。自分の運命は自分で決められるのだ、と。

忘れてはなりません。どこの国にも強い力が宿っています。競争と選択を、多様性を、寛容を、自由主義を、独立《リバティ》──政治的に保守であろうが革新であろうが、この点では誰もがリベラルです──を信じる人がいる限り、彼らが勝つことを。私たちのような人々はたくさんいます。恐れ知らずの人は、もっとたくさんいる。彼らだって不安です。しかしこれが未来を拓くことを知っているし、それに備えたいと思っているのです。

リベラルな国際体制は今や70年余の風雪に打たれ、何度も試練に晒されてきました。しかしその将来を思うとき、私は偉大な詩人アルフレッド・テニスン男爵の作品『ユリシーズ』を、なかんずくその有名な締めくくりの一節を思い出さずにはいられません。

「多くを失ったが、まだ多くをとどめている。天地さえ揺るがした往年の力は衰えたが、英雄の気風を備えた我々は何も変わっていない。時と運命により衰えても、努力し、希求し、見出し、不屈の強い意志を持っている」

屈してはいけません。決して屈してはなりません。あなた方ならできます。ご静聴に感謝します。

中国の膨張、イスラムの脅威はリベラルな楽観主義が招いたもの

ラッドヤード・グリフィス　ニーアル、閉会の辞を。

ニーアル・ファーガソン　ファリードは友人です。意外かもしれないが本当です。しかし彼は楽天家、とてつもない楽天家でもあります。彼は、いくつかの点でネオコンサバティブの一員だった頃でさえ、私よりも楽天的でした。

ファリードの著作を振り返ると――私は歴史家で、それが仕事なのです――彼はこんなことを書き残しています。「大国とグローバルな繁栄は、自ら成るものではない。それは何よりも米国の力と意図の産物である」。これが今あなた方の目の前にいる男です。わずか20年前のね。1996年9月15日に残した言葉だ。

2003年1月に書いたものもある。「米国の力は数えきれないほどの場所、とりわけ西欧に平和と独立《リバティ》をもたらした。米国の力はバルカン半島により文明的な世界を作り出し

た。アフガニスタンでの戦争は、ワシントンの煮え切らない国作りのやり方にもかかわらず、アフガン国民の暮らしを大きく改善した。そしてイラクでの戦争は、それに戦後の野心的な国家復興が伴えば、イラクを変革させ、中東の改革を励ます可能性がある」

ファリード、さっきまで熱弁していたリベラルな国際秩序とはずいぶん違うようですな。もし私がファリードの著作の骨子の多くを考察するなら、リベラルな国際秩序が、ファリード自身も認めたようにその最たる受益者である中国にどう関わるのかは外せません。

そこで彼が1997年に書いたものがあります。「中国に対しては、米国は開明的な国際ルールに従うよう促せるだろう……（中略）……そしてその地域的な野心を和らげられるだろう。同国をより深く国際的経済体制に組み込むことによって、中国がやがてもっとリベラルな国家になるという向きもあるだろう」

そして著書『アメリカ後の世界』（徳間書店）でも、ファリードはこうした考えを捨てていません。「中国人の生活水準が上がるにつれて、政治改革はますます喫緊の課題となるだろう」まさにその通り、喫緊の課題です。政治改革を起こさせないこと、回避することが、ますます焦眉の急になっていますからね。

ファリードは、イスラム過激派の脅威をめぐっても、こうした楽観を披露しています。

この点でも彼は常に楽観的でした。前掲の同書では、「過去6年間、ビン・ラディンと彼の目標への支持はイスラム社会全体で着実に衰退している。イスラム社会を現代化するにはもっと様々なことが起きなければならないが、現代化主義者たちはもはや恐れてはいない。イスラム社会も現代化しているのだ。ペースこそ他よりも遅いが」

例の「歴史の弧」というのは私がアレルギーを起こす言葉の一つです。そんなものは存在しないからです。歴史に時々姿を現すのは、むしろ断崖です。そして私は、ファリードの楽観主義はあなた方をそんな断崖へと導かないだろうか、と恐れます。

歴史の教訓にならえばリベラルな国際秩序は終わっている

リベラルな国際秩序が今度もどうにかして救い上げてくれると自分に言い聞かせるのは、年配の方にはおなじみのワイリー・コヨーテ（漫画の登場人物。いつも主人公を追いかけるが失敗して痛い目に合う悪役）のようなものです。ワイリー・コヨーテは崖に向かってまっしぐらに走り、ついには空中へと飛び出しても気が付きません。まだ地面を走っているものと思って足を動かし続け、ふと足元を見るとそこは空中。気づいた瞬間に真っ逆さまに落ちていきます。歴史とは、どんな弧よりも、むしろこれに似ています。

次の崖がいつ現れるかは知る術がありません。第一次大戦に先立つ前回のグローバリゼーションの時代を思い起こせば、何より印象的なのは、崖をはるかに過ぎ去った後もどれほど懸命に走り続けていたかです。1914年の夏でも、社会主義者たちはまだインターナショナル開催に向けて計画を練っていたのです。

軍が動員された後でも、政治家は手紙や電報を書き続けていました。リベラルな国際秩序は終わっています。なぜなら、こんな崖の一つを通り過ぎてしまっているからです。そしてワイリー・コヨーテと同じく、楽観的なファリードと彼の愛するリベラルな国際秩序は空中から真っ逆さまでしょう。彼らと一緒に崖を越えないでください。

ラッドヤード・グリフィス　ご両人、素晴らしい討論でした。そして偉大な討論の証拠は、司会を手持ち無沙汰にすることです。楽をさせてもらって、あなた方に感謝します。さらにオーリア財団、ピーターとメラニーのムンクご夫妻にも、この討論を実現してくださった御礼を申し上げたいと思います。会場の皆さま全員が票をお持ちです。さあ、今夜の議題に対して今いちど投票する機会です。

事前投票を振り返ってみましょう。このホールに詰め掛けた３０００人の皆様のうち、66パーセントが反対、34パーセントが議題に賛成票を投じました。そして票を変える用意がありますか、場合によっては立場を反転させる可能性がありますかという問いに対しては、討論開始前に終始一貫と答えた人はわずか7パーセントでした。さて実際にはどうなったのでしょう？　お帰りの際に投票用紙を回収いたします。結果は間もなくソーシャルメディア上で発表いたします。改めて皆様に素晴らしい討論の御礼を申し上げます。来る秋に、またこうした討論会を開催いたします。

結論　事前投票の結果は、議題への賛成が34パーセント、反対が66パーセントでした。最終投票では賛成が29パーセント、反対が71パーセントでした。反対論者への転向票が勝ったことから、討論の勝利はファリード・ザカリアがつかみました。

解説——両者の議論をどう読むべきか

山下 範久

「リベラルな国際秩序」終焉論の背景

ここに来て、世界の至るところで「リベラルな国際秩序」に対する終焉論が叫ばれています。その直接の刺激となっているのは、ブレグジットやアメリカのトランプ大統領の登場のインパクトによるところが大きいと思われますが、実際のところ、リベラルな国際秩序の危機は、けっしていまに始まったわけではありません。70年代からすでにその種はまかれていたと言うべきです。実際のところ、リベラルな国際体制と言えるようなものがたしかに存在したといえる期間は、ブレトンウッズ体制のスタートから20年程度、つまりアメリカが圧倒的な力を保持して国際政治をリードしていた期間がせいぜいといったところでしょう。逆に言えば、いわゆるニクソンショックのあと、70年代以降の世界は、「リベラルな国際秩序」が次第にその条件を失っていくプロセスを経験してきたとも言えます。

もっとも存在したのはアメリカの覇権だけであって、そもそも「リベラルな国際秩序」には実体がないというファーガソンの主張は、ディベート上のレトリックとして割り引いて聞いておいたほうが良いと思いますが、リベラルな国際体制の条件として、覇権国としてのアメリカのパワーと意思とが大きな比重を占めることを否定することはできません。

そもそもリベラリズムには経済的側面と政治的側面があります。経済的には自由貿易主義につながるような経済活動の自由を重視する立場がリベラリズムですが、政治的には思想・信条や信教の自由といった他者に対する寛容の徳目を重視する立場がリベラリズムです。この二つの側面は互いに結びついて、漸進的により多くの人々を包摂する社会を志向しており、そうであるがゆえに70年代以前において、リベラリズムは福祉国家を正当化し推進する思想的基盤となり、そして（少なくともいわゆる西側先進諸国では）そうした思想的基盤の共有を前提として国際秩序が構築されていました。それはむき出しの国益でも、むき出しの自由でもなく、（共有された規範に）「埋め込まれた自由主義」だったのです。

この意味で、70年代にその萌芽が現れた新自由主義は、字面の上でこそリベラリズムの後継者のように見えますが、むしろリベラルな秩序を否定する考え方だと言えます。90年代以降次第に新自由主義がモードとなるにつれて、リベラリズムは、むしろ「既得権益」

のイデオロギーとして批判されるようになり、社会において共有された大前提としての役割を果たさなくなっていきました。国際社会の次元では、冷戦の終焉と第一次湾岸戦争における多国籍軍の成功が一時的に「リベラルな国際秩序」による「歴史の終わり」のユーフォリアを現出せしめ、その後も、いわば老舗の近代国家のインナーサークルでは、依然としてリベラリズムが共通の価値であるという建前は維持されてきましたが、中国をはじめとする新興国の発展が顕著になるにつれて、背後で浸食が進んできました。

そのような流れのなか、近年ではトルコのエルドアン大統領やインドのモディ首相のような、かなりあからさまにリベラリズムの規範の外側から発想する政治リーダーが相次いで登場してきました。日本の安倍首相をここに加えてもよいかもしれません。しかし、これらの政権が暗示するリベラリズムの危機の兆候に対して、これまで欧米諸国を中心とする国際社会は、一抹の不安を伴いながらも、いわばある種のオリエンタリズムの視線を向けてやり過ごしてきました。アメリカがオバマ政権だった時代まで、リベラリズムを支持する人々は、国際システムの中心であるアメリカはもちろん、国際社会を支えている「まとも」な国々はリベラリズムを共通の基盤として共有しているという建前そのものを疑うことはほとんどありませんでした。

ところが2016年、リベラルな国際秩序の中心をなすアメリカで、「自国第一主義」を掲げたトランプが大統領選に勝利します。また同年、イギリスでは国民投票によってEU離脱を決めた、いわゆるブレグジットの国民投票が成立しました。そうした現実から振り返って考えれば、それ以前から欧州各国で高まっていた排外主義的なポピュリズムの波や、ロシアによるクリミアの併合などの力による秩序の変更を志向する動きは、すべて同じリベラルな国際秩序の終焉というベクトルを向いているように見えます。

かくて、いよいよ多くの人たちが、リベラルな国際秩序というものに疑いを持つようになります。その結果、いま世界の至るところで、リベラルな国際秩序の終焉論に関心が集まっているのです。

議論の対立軸は「中道vs.左右両極」

さて本書では、リベラルな国際秩序を支持するザカリアと、その失効を主張するファーガソンの両者が白熱したディベートを展開していきます。最後には、二人の議論を聴いていたゲストらの投票によってザカリアがディベートの勝者となりましたが、私は4分6分でファーガソンのほうに分があったように感じています。リベラルな国際秩序が少なくとも戦後から70年代までは機能していたとしても、ザカリアが主張するようにリベラルな国際秩序があったから繁栄があったのではなく、ファーガソンが主張するように、まずはアメリカの突出したパワーによる安定と繁栄があったがゆえにリベラルな国際秩序が機能したと見るべきだからです。

ただ、それでもザカリアの主張に4分の理があると思われるのは、この繁栄を利用してリベラルな国際秩序をつくるという構想自体は、それ以前にウィルソンやF・ルーズベルトなどアメリカ国内のリベラルな系譜、インターナショナル・リベラリストの系譜があって、彼らに負う部分が大きかったという事実があるからです。リベラルな国際秩序がただの繁栄の関数ではなく、大きな政治的意思を必要とするものであったことは確かです。

繁栄があっても必ずしもリベラルな体制が築かれるわけではない。普遍的な価値を目指す政治的な意思をもってリベラルな国際体制が構想された意義は過小評価されるべきではありません。そうであればこそ、繁栄のプロセスのなかで様々な進歩主義的な方向への政治風土の変化が進み、協調の方向に国際関係自体の変化が起こってきたからです。

そのことは踏まえたうえで、今日やはり最も大きな問題は、このリベラルな国際秩序の前提である「繁栄」、すなわち世界経済の持続的な成長への期待が縮小していることでしょう。すでにご覧のとおり、このディベートは「リベラルな国際秩序は終わったのか?」という論点をあらかじめ設定して行われ、ザカリアがリベラルな国際秩序は依然として有効であると主張し、ファーガソンはそれに反対しました。両者が意見を闘わせると、ザカリアはリベラルであるため、相対的にファーガソンは保守の立ち位置で語っているように見えます。

たしかに、彼の反グローバリズムの主張は、ある面では国益のリアリズムの論理に貫かれています。しかし、議論の全体を見れば、両者の対立軸は「リベラル vs. 保守」つまり左と右の対立ではなく、「中道 vs. 両極」と表現すべきでしょう。ザカリアが擁護しようとしているリベラルな国際秩序はいわば左右両極から挟撃されているのです。ファーガソンは一方ではグローバリズムの行き過ぎを巻き戻せという保守的なレトリックを用いながら、たとえば金融資本主義やメディアを批判する際にはエリート批判のレトリックも行使しています。戦後の繁栄を前提として先進国を中心として分厚い中間層が形成され、その中間層が漸進的な包摂の拡大による生活水準の向上を支持したことで、左右に広くウィングを広げたリベラリズムの基盤は構成されていました。リベラリズムは、左から見れば十分確実で、右から見れば十分慎重なプログラムとして推進可能であると思われていたのです。しかし、いまやその前提にある繁栄の期待は縮小し、結果として左右の両翼に近いところから順に、リベラリズムからの離反が進んでいきました。

つまり表面的には、リベラリズムとグローバル化は、両次の世界大戦のあと、今日に至るまで互いに結びついた国際社会の基調であるかに見えながら、実際のところは、かつては繁栄への期待を背景に、左右の両翼に対してこれを社会に統合する求心力を発揮していたリベラリズムが、70年代以降のグローバル化の進展とそれに伴う（特に先進国での）中間層の解体は、むしろリベラリズムに対する左右の両翼からの異議申し立てに説得力を与えてきたのです。

今日、中道的なリベラリズムのレトリックは、いまや「既得権益」にしがみついているかに見える先進国のアッパーミドルくらいにしか説得力を持たなくなっている一方で、左右両極からは多数の異議申し立ての論点が提起されています。もちろんその異議申し立てが、リベラリズムに代わる体系的で現実的なプログラムを提示できているかどうかはまた別の問題ではありますが、両極からの異議申し立てを巧みに縒り合せて古いリベラリズムの幻想からの脱却を説くファーガソンのほうが、リベラルな価値を実現する上でも、現実認識としては一歩先んじているように思われます。リベラルな国際秩序を立て直すためには、一度その失効に向き合う必要があるという意味で、見かけに反して、むしろファーガソンのほうがリベラルな国際秩序の将来をシリアスに考えているとも言えるでしょう。

二度目のグローバリゼーションと中国

本書において、ファーガソンは再三にわたって中国について言及し、グローバリゼーションの最大の受益者は一党独裁国家の中国であり、そのような体制のどこがリベラルなのか、と強調しています。他方ザカリアは、中国はまだいろいろな問題を抱えているが、このまま発展を続ければ必ず民主化が進むだろうと、やはりリベラルな国際秩序の正当性を主張します。

リベラルな国際秩序の今後を語る上で、中国の存在は無視できません。中国は、まさにグローバリゼーションによって力を得つつ、それを可能にしてきた国際秩序に変え、自国にとってより望ましい秩序を目指して現状を変更しようとしているように見えるからです。もっとも、最近の米中間の貿易摩擦を見ていると、むしろトランプ政権のアメリカのほうが既存の秩序の変更を望み、中国がむしろWTOレジームの維持を主張しているかにも見えるかもしれません。しかし、中国による現状変更の企てについて言えば、これまでも常にレトリック上は国際社会のルールに則るものであるという建前を犯すことはまれでした。ことの本質は、デファクトに進む中国による秩序変更に対して、アメリカ中心の秩序を取り戻そうとするかなり絶望的な企てにあると見ることもできます。いずれにせよ、米中間の直接的・短期的な関係についてはともかく、ディベートではザカリアは中国が最終的にはリベラルな国際秩序に回収されることを期待しているのに対して、ファーガソンは中国がリベラルな国際秩序を利用してリベラルな国際秩序を破壊すると考えているわけです。

ファーガソンの主張の背景には、あるフレームでの歴史への参照があります。くり返されるグローバリゼーションというフレームです。そのフレームで現在の中国と二重写しにされているのは、19世紀のグローバル化に乗って力をつけながら、アングロサクソンが主導する国際秩序に反旗を翻した戦前の日本やドイツです。たしかに当時、欧米は資本主義の暴力や民主主義の堕落が著しく、それに代わる秩序の構築を掲げて日独は戦争を仕掛けたわけですが、多大な犠牲を払った末に敗北し、世界はそこから再びリベラリズムに基づく世界の構築をはかってきたのです。そういう意味では、現在進行しているのは、いわば二度目のグローバリゼーションと言うことができます。

このフレームのなかでファーガソンが指摘するのは、かつて宥和政策でナチスの増長を許したイギリスのチェンバレン首相と同じ過ちをくり返していいのかということです。中国は現状のアメリカ主導のものとは違う秩序を構築しようとしている。同じゲームに参加してアメリカのポジションを奪おうというのではなく、ゲームのルールそのものを変えようとしている。しかも、中国は、経済規模も当時の日本やドイツより格段に大きく、技術の進歩はむしろ既存の秩序への挑戦者に有利に働く側面がある。とすれば、中国によるリベラルな国際秩序の廃棄は二度目の今回こそリアルな危機なのではないか、というわけです。

実際、中国の国内でイデオロギー的に叫ばれていることは、戦前の日本とよく似ていて、英米主導のグローバル化が彼らの利害の押し付けに過ぎず、いかに不公正で、世界を混乱に陥れているかが強調されます。同じような言説は戦前の日本にも広範に見られるもので、そういう意味では歴史をなぞっていると言えます。

本書においては、ファーガソンの主張が多数の支持を得ることはできませんでしたが、特に日本の立場から見るとき、グローバル化を通じた中国によるリベラルな国際秩序への挑戦は、戦前の日本の轍を踏む危険をはらむものであることには注意を向けておきたいところです。

リベラル派は人類史を、反リベラル派は近代史を見ている

両者の議論を通じて感じたのは、ザカリアのようなリベラル派は人類史の枠組みで考えたがるのに対し、ファーガソンのようにリベラリズムの危機を強調する論者は近代史の枠組みから考えているということです。

たしかに、人類史的な大きなスパンで見れば、社会は歴史が進むにつれて豊かになっていますし、人類社会全体での暴力の総量も減ってきていると言ってよいでしょう。そこからリベラルはさらに推し進めるべき普遍的価値として進歩を肯定します。人類の歴史は、短期的にはいろいろあったとしても、最終的には良い方向に進む。進歩の歩みを止めることは、まだ残る課題に取り組むことを放棄することであり、未来に対する無責任だというわけです。

一方、ディベートに際してファーガソンが参照しているのは近代史的な枠組みです。そ

こではリベラリズムのプロジェクトは大きな挫折を経験しており、19世紀の（一度目の）グローバリゼーションではドイツや日本にファシズムが生まれ、両次の世界大戦によって大きな秩序の崩壊がもたらされました。それゆえに、現在の二度目のグローバリゼーションも、中国の台頭は、それがリベラルな国際秩序に則ったものであるだけに、危険な要素をはらんでいると考えるのです。

二つの異なる歴史の枠組みの間でどう考えるかというとき、一つ大きなファクターとなるのがテクノロジーの問題です。人類史の水準で考えるということは人間とモノとの間の関係に注目するということを含みますし、近代はまさに技術が歴史のコースとテンポに大きな影響を与えるようになった時代です。テクノロジーがリベラルな国際秩序の帰趨にどのような影響を与えるかを考えることが、このディベートの先を考える一つの補助線となるでしょう。

たとえば情報技術を例にとれば、リベラルな国際秩序は、ナショナルな主権国家を前提としてきました。主権国家はある領域を前提として、対内的には排他的な最上位の権力であると同時に、対外的には他の主権国家と対等・独立であると規定されます。この主権を対内的に根拠づけ、対外的に主体化する実体としてネイションという政治的な共同体のコンセプトが発案されたのでした。

少し考えればこれが理念であって、現実には多分にフィクションを含むことは明らかです。しかし、ナショナルな主権国家がグローバルに標準化された19世紀の技術水準（特に交通や通信の技術）では、こうしたフィクションに沿って現実を管理することが可能でした。たとえば代表制民主主義はネイションと主権の結びつきを可視化する最も重要な制度ですが、選挙で選ばれた議員で構成される議会がネイションの意思を代表できるというのは、せいぜい新聞程度のメディアと紙の投票用紙による投票、物理的に議場に集まって行われる議会といった技術的制約のもとでかろうじて維持されるフィクションにすぎません。逆に言えば、そうした技術的制約が取り払われたとき、ナショナルな主権国家の正統性は怪しくなりますし、そのような主権国家を前提として構築されたリベラルな国際秩序への信頼にもインパクトを与えるかもしれません。

こうした推論は、リベラルな国際秩序など所詮既存の主権国家の枠組みのなかのエリートたちがしがみついている建前にすぎないというファーガソンの主張を正当化するものとも言えますが、他方でもはやナショナルな主権国家というフィクションがテクノロジーによって失効させられつつあるのだとしたら、中国が主権国家として、戦前のドイツや日本と同じだけの動員力をもって、リベラルな国際秩序に挑戦するとは考えにくいという考え方もできるでしょう。テクノロジーが啓蒙を完成させるというのは楽観的過ぎるとしても、単純な歴史の繰り返しを超えた未来を考えるべきだという意味ではザカリアの主張に接近するとも考えられるわけです。

米中関係とリベラルな国際秩序

では今後、世界はどこに向かうのでしょうか。

先にも述べたとおり、70年代以前に存在したリベラルな国際秩序は、世界経済全体の拡大基調に支えられていました。その原動力となったのは間違いなくアメリカの繁栄です。アメリカが巨大市場になることで、世界経済の拡大が保証され、またアメリカの潤沢な資金が各所に投じられたことで、欧州や日本などはいち早く戦禍から復興し、その後の繁栄の礎を築くことができました。そのような環境を前提に、世界中でアメリカ発のリベラルな価値観が受け入れられたのです。

ところが70年代以降、アメリカの国力が低下するとともに、アメリカが築いてきたリベラルな価値観や体制も揺らぎ始めます。アメリカはリベラルな国際秩序を維持する負担を分散する方法を模索しながら、冷戦の終焉を乗り越え今日にまで至ったわけですが、トランプ大統領の登場に強調されるような大きな転機が訪れようとしています。

とはいえ長期的な趨勢はそれほど単純にアメリカ衰退論で割り切れません。おそらく今後21世紀半ばごろまでは国際社会における相対的地位が下がると見られますが、21世紀の後半以降には、米中間の力関係の変化の向きはふたたび逆転する可能性もあるからです。

たとえば、アメリカの人口は今世紀を通じて増加が見込まれていますが、中国は大幅な減少局面に入ります。しかも中国で世代の交代が進めば、それこそエリート層で欧米のリベラルな教育を受けた世代が社会や政治の中枢を占めるようになります。そのとき中国が正面からリベラルな国際秩序に挑戦するかどうかはそれほど確かではありません。またファーガソンが別の著作で述べた通り、現在の国際経済は中国とアメリカの結びつきを軸として構成されています。米中関係は緊張関係をはらみながらも、長期的には接近するなかでリベラルな国際秩序の再定義が行われていくでしょう。

日本が取るべき選択とは

そこで重要になってくるのが、日本の振る舞いかたです。リベラルな国際秩序をめぐるアメリカと中国との間の緊張関係を、冷戦期の米ソ対立のように理解するのはミスリーディングです。両国の相互依存の度合いは高く、互いの体制を全否定するようなイデオロギー的対立があるわけでもありません。長期的には両国が接近することを想定すれば、短期的な状況に右往左往して、一方に媚びを売るようなことを節操なくくり返すことが最悪の選択です。また、あくまでアメリカに追従するのか、逆に中国との関係に外交の軸足を移すのかといった単純な選択の問題だと捉えるべきでもありません。むしろ、米中関係には長期的に共通の利害がある、ということを日本はくり返し訴えていくべきでしょう。「あなた方は争っている場合ではない。もっと共通の利益を考えるべきだ」というメッセージを日本から発信することは、日本の存在感を高め、リベラルな国際秩序が長期的に再定義される際の方向性に関与する機会を増やすことになるでしょう。

そもそも日本は、国民意識として、自分たちがリベラルな国際秩序の擁護者であるという自認の高い国です。リベラルな国際秩序をザカリア流に額面通り受け取るにせよ、ファーガソン流にアメリカ主導の秩序と受け取るにせよ、日本はその体制下において長らく受益者だったわけですから、未来志向でリベラルな国際秩序の再定義へのコミットメントを表明することそのものに抵抗は少ないでしょう。

もっとも、日本はこれまで必ずしも積極的にリベラルな国際秩序にコミットする立場を選び取っていたわけではありません。むしろ押し付けられていたといったほうがよいかもしれません。主体的な判断というよりも、状況に逆らわずに安心と安全を享受する知恵としてリベラルな国際秩序に居心地の良い場所を見出していたに過ぎないとも言えます。

しかし今日、その条件は失われつつあります。これまで見てきたように世界の枠組みが変動している状況下では、「リベラルな国際秩序」へのコミットメント自体が、戦略的な選択の性格を強めるからです。個々の状況のなかで「リベラルな国際秩序」へのコミットメントの持つ意味が多角的に問われることになるでしょう。そのときに、ただ惰性で、いわば古いお題目としてのリベラルな国際秩序を唱えるだけで事態を切り開くことは難しいでしょう。放っておけば、リベラルな国際秩序は壊れるだけです。アメリカにも中国にもそれを止める力はありません。それゆえに「リベラルな国際秩序」へのコミットメントには、主体的な選択に伴う責任が生じるのです。それはこれまで以上に強い国際的な意思表示として受け取られることになります。その意味でリベラルな国際秩序の再定義は能動的・創造的な発信の企てであることを自覚する必要があるでしょう。古いリベラリズムがもはやかつての説得力を持たない世界において、最大限に包摂的な価値をどのように提示するかが問われているのです。

※山下範久（やました・のりひさ）
１９７１年生まれ。立命館大学国際関係学部教授。専門は歴史社会学、社会理論、世界システム論。主な著書に『現代帝国論』『世界システム論で読む日本』、訳書に『リオリエント』がある。

謝辞

ザ・ムンク・ディベーツは、篤志の組織や個人による公共精神の賜物である。このディベート・シリーズは何より、オーリア財団のビジョンとリーダーシップなくしてあり得なかった。２００６年にピーターとメラニーのムンク夫妻によって設立されたオーリア財団は、公共政策を研究するカナダの個人及び機関を支援している。このディベートは財団を代表する活動であり、カナダ人が世界的に促せる公共政策をめぐる重要な議論の範を示すものである。２００８年にこのディベートが発足して以来、財団は半年ごとの実施費用を全額負担してきた。さらにディベートは次の財団理事からの助言や意見の恩恵にも浴してきた。マーク・キャメロン、アンドリュー・コイン、デボン・クロス、アラン・ゴットリーブ、マーガレット・マックミラン、アンソニー・ムンク、ロバート・プリチャードそしてジャニス・ステイン各氏の名を挙げて感謝したい。

本書の暫定版編集への貢献について、ディベート主催者はジェーン・マックウィニーに謝意を表する。

ムンク・ディベーツは発足以来、開催ごとの議論を国内外の聴衆に届けるべく奮闘してきた。この点でカナダの全国紙『ザ・グローブ・アンド・メール』とのパートナーシップ及び同紙の編集主幹デヴィット・ウォルムズレイからの助言には、計り知れない恩恵を受けてきた。

ハウス・オブ・アナンシ・プレスは、本書（原書）の刊行によって論戦をカナダおよび世界の新たな聴衆に届けてくれた。ディベート主催者一同は、同社主幹スコット・グリフィンおよび社長兼出版人のサラ・マックラーランに、本書上梓への熱意と、口語によるやり取りを如何に力強い知的論争の活字へと定着させるかの助言をめぐり感謝の意を表するものである。

ディベーター紹介

ニーアル・ファーガソンは、ハーバード大学史学科で慈善家ローレンス・A・ティッシュの名を冠した栄誉称号を与えられた教授である。また同校ではビジネススクールでもウィリアム・ゼグラー栄誉記念教授を務めていた。オックスフォード大学ジーザス・カレッジの上級研究員であり、スタンフォード大学のフーバー・インスティテューションの上級研究員でもある。『マネーの進化史』（早川書房）など、多くのベストセラー著作を著している。時事問題と経済をめぐる活発な論客であり、『フィナンシャル・タイムズ』紙の社外論説委員および『ニューズウィーク』誌のシニア・コラムニストを務めている。

ファリード・ザカリアは、CNNの外交を対象とした看板番組『ファリード・ザカリアGPS』のホストであり、同番組は2012年のピーボディ賞を受賞した。『アトランティック』紙の客員編集委員、『ワシントン・ポスト』紙のコラムニストを務める他、かつて『ニューズウィーク国際版』の編集委員、『タイム』誌の代表編集者でもあった。国際的にベストセラーになった『民主主義の未来』（阪急コミュニケーションズ）、『アメリカ後の世界』（徳間書店）などの著作を持つ。『エスクワイア』誌に「同時代で最も影響力ある外交政策アドバイザー」と評され、『フォーリン・ポリシー』誌の「世界の思索家100人」に選ばれている。

編集者について

ラッドヤード・グリフィスはムンク・ディベーツの司会であり、オーリア慈善財団のプレジデント。2006年、『グローブ・アンド・メール』紙にカナダの「40歳以下のトップ40人」に選出された。歴史、政治、国際問題などについて13冊の著作を持ち、それには『グローブ・アンド・メール』の2006年ベストブックに選ばれ、政治論考を対象としたシャウグネシー・ヘン賞の最終候補にもなった『我々は何者なのか：市民のマニフェスト』（未訳）などがある。妻と2人の子と共にトロントに在住。

ムンク・ディベーツについて

ザ・ムンク・ディベーツはカナダを代表する公共政策イベントである。半年ごとに開催されるこのディベートでは、代表的な思索家に世界とカナダが直面する問題を議論するグローバルなフォーラムを提供している。いずれもトロントで生の観客を前に開催され、紀要は国内外のメディアに報じられている。最近の参加者には次の各位がいる。アン・アップルバウム（保守派歴史家）、ルイーズ・アーバー（国連人権高等弁務官）、ロバート・ベル（作家）、トニー・ブレア、ジョン・ボルトン（米政治家）、イアン・ブレマー（政治学者）、スティーブン・F・コーエン（ロシア専門家）、ダニエルコーン＝ベンディット（EU議会議員）、ポール・コリアー（エコノミスト）、ハワード・ディーン、アラン・ド・ボトン（哲学者）、アラン・ダーショウィッツ（法学者）、エルナンド・デ・ソト（ペルーのエコノミスト）、モーリーン・ダウド（コメンテーター）、ギャレス・エバンス（映画監督）、ナイジェル・ファラージ（政治家）、ミア・ファーロウ（女優）、ニーアル・ファーガソン、ウィリアム・フリスト（米政治家）、ニュート・ギングリッチ（米政治家）、マルコム・グラッドウェル（作家）、デイヴィット・グラッツァー（作家）、グレン・グリーンウォルド（ジャーナリスト）、スティーブン・ハーパー（加政治家）、マイケル・ヘイデン（米元軍人）、リック・ヒラー（加元軍人）、クリストファー・ヒッチェンズ（英作家）、リチャード・ホルブルック（米外交官）、ジョゼフ・ジョフィ（ポーランド出版人）、ロバート・ケーガン（米歴史家）、ガルリ・ガスパロフ（チェス選手）、ヘンリー・キッシンジャー（外交評論家）、チャールズ・クラウトハマー（米コメンテーター）、ポール・クルーグマン（エコノミスト）、アーサー・B・ラッファー（エコノミスト）、ナイジェル・ローソン卿（英政治家）、スティーブン・ルイス（加政治家）、デビッド・ダオクイ・リー（精華大教授）、ビョルン・ロンボルグ（デンマーク政治家）、ピーター・マンデルソン男爵（英政治家）、エリザベス・メイ（加政治家）、ジョージ・モンビオ（英作家）、キャトリン・モラン（英コメンテーター）、ダンビサ・モヨ（エコノミスト）、トマス・マルケア（加政治家）、ヴァリ・ナス（中東問題アナリスト）、アレクシス・オハニアナン（起業家）、カミール・パーニア（作家）、ジョージ・パパンドレウ（ギリシャ政治家）、スティーブン・ピンカー、サマンサ・パワー（作家）、ウラジミル・ポズナー（仏コメンテーター）、マット・リドレー（英ジャーナリスト）、ダヴィト・ローゼンベルク（エコノミスト）、ハンナ・ロージン（米作家）、サイモン・シャーマ（英歴史家）、アン・マリー・スローター（政治学者）、ブレット・スティーブンス（加政治家・米ジャーナリスト）、マーク・ステイン（英作家）、ローレンス・サマーズ（米学者・政治家）、ジャスティン・トルドー、アモス・ヤドリン（イスラエル元軍人）、ファリード・ザカリアなどである。

ザ・ムンク・ディベーツはオーリア財団のプロジェクトであり、同組織は2006年慈善団体として篤志家ピーターとメラニーのムンク夫妻によって、公共政策研究とそれをめぐる議論のために設立された。より詳しくは https://www.munkdebates.com/ にて。

事前インタビューについて

ニーアル・ファーガソンとファリード・ザカリアへのラッドヤード・グリフィスによるインタビューは、２０１７年４月28日に行われた。内容はオーリア財団の厚意によって、次の講演録から採録したものである。

(p. 51) "Niall Ferguson in Conversation," by Rudyard Griffiths. Copyright © 2017 Aurea Foundation. Transcribed by Transcript Heroes.

(p. 61) "Fareed Zakaria in Conversation," by Rudyard Griffiths. Copyright © 2017 Aurea Foundation. Transcribed by Transcript Heroes.

【訳者紹介】
酒井泰介（さかい　たいすけ）
ミズーリ大学コロンビア校ジャーナリズム修士。近訳に『セックスと恋愛の経済学』（マリナ・アドシェイド著、東洋経済新報社）、『経済学の95%はただの常識にすぎない』（ハジュン・チャン著、東洋経済新報社）、『誰もが嘘をついている』（セス・スティーヴンズ＝ダヴィドウィッツ著、光文社）などがある。

リベラル vs. 力の政治
反転する世界秩序

2018年11月8日発行

著　者――ニーアル・ファーガソン／ファリード・ザカリア
訳　者――酒井泰介
発行者――駒橋憲一
発行所――東洋経済新報社
〒103-8345　東京都中央区日本橋本石町 1-2-1
電話＝東洋経済コールセンター　03(5605)7021
https://toyokeizai.net/

装　丁…………橋爪朋世
ＤＴＰ…………アイシーエム
印　刷…………図書印刷
編集担当………岡田光司
Printed in Japan　ISBN 978-4-492-44448-1